ARBEITSBERICHTE DER ARL **16**

Arthur Benz, Jessica Detemple, Wilfried Erbguth, Tine Köhler, Konrad Lammers, Heinrich Mäding, Reinhard Timmer

Neugliederung des Bundesgebietes – oder Kooperation der Bundesländer?

AKADEMIE FÜR RAUMFORSCHUNG UND LANDESPLANUNG
LEIBNIZ-FORUM FÜR RAUMWISSENSCHAFTEN

Hannover 2015

Es wurden überwiegend grammatische Formen gewählt, die weibliche und männliche Personen gleichermaßen einschließen. War dies nicht möglich, wurde zwecks besserer Lesbarkeit und aus Gründen der Vereinfachung nur eine geschlechtsspezifische Form verwendet.

Der Beitragsentwurf der Autorinnen und Autoren wurde im Arbeitskreis „Neugliederung des Bundesgebietes - oder Kooperation der Länder?" mehrfach diskutiert (interne Qualitätskontrolle). Das Manuskript wurde darüber hinaus einer wissenschaftlichen Begutachtung unterzogen (externe Qualitätskontrolle) und nach Berücksichtigung der Gutachterempfehlungen der Geschäftsstelle der ARL zur weiteren Bearbeitung und zur Veröffentlichung übergeben. Die wissenschaftliche Verantwortung für den Beitrag liegt bei den Autorinnen und Autoren.

Geschäftsstelle der ARL:
WR V „Rechtliche und konzeptionelle Grundlagen der Raumentwicklung"
Leitung: Dr. Andreas Stefansky (stefansky@arl-net.de)

Arbeitsberichte der ARL 16
ISBN 978-3-88838-401-1 (PDF-Version)
ISSN 2193-1283 (PDF-Version)
Die PDF-Version ist unter shop.arl-net.de frei verfügbar (Open Access).

ISBN 978-3-88838-402-8 (Print-Version)
ISSN 2193-1542 (Print-Version)
Druck: Books on Demand GmbH, 22848 Norderstedt

Verlag der ARL - Hannover 2015
Akademie für Raumforschung und Landesplanung
Satz und Layout: K. Kube, G. Rojahn, O. Rose

Zitierempfehlung für die Netzpublikation:
Benz, Arthur; Detemple, Jessica; Erbguth, Wilfried; Köhler, Tine;
Lammers, Konrad; Mäding, Heinrich; Timmer, Reinhard (2015):
Neugliederung des Bundesgebietes - oder Kooperation der Bundesländer?
Hannover. = Arbeitsberichte der ARL 16.
URN: http://nbn-resolving.de/urn:nbn:de:0156-40119

Akademie für Raumforschung und Landesplanung (ARL®)
Leibniz-Forum für Raumwissenschaften
Hohenzollernstraße 11, 30161 Hannover
Tel. +49 511 34842-0, Fax +49 511 34842-41
arl@arl-net.de, www.arl-net.de

MIX
Papier aus verantwortungsvollen Quellen
Paper from responsible sources
FSC® C105338

Inhalt

Neugliederung des Bundesgebietes – oder Kooperation der Bundesländer?

1 Einleitung

Die territoriale Gliederung der Länder ist im deutschen Bundesstaat nach wie vor umstritten. Die heutige Länderstruktur entstand in einer langen und wechselvollen Geschichte. Sie resultierte aus der Heterogenität der Länder und der Dominanz Preußens im Deutschen Reich von 1871 sowie der Auflösung Preußens durch die Alliierten nach dem Zweiten Weltkrieg, bevor die Bundesrepublik und die DDR gegründet wurden. Während in der DDR der Föderalismus abgeschafft wurde, litt er in der Bundesrepublik zunächst unter einem Legitimitätsdefizit der überwiegend von Besatzungsmächten festgelegten Landesgebiete. Im Laufe der Geschichte der Bundesrepublik verlor dieses Legitimitätsdefizit an Bedeutung, weil sich die Menschen mit den Ländern zunehmend identifizierten. Angesichts der sich herausbildenden Siedlungs- und Wirtschaftsstrukturen, der Dezentralisierung von Verwaltungsaufgaben und der intensiven Verflechtung zwischen den Gebietskörperschaften wurden aber nachteilige Folgen für die Effektivität der Staatstätigkeit immer stärker erkennbar. Die Neugliederung ist daher ein Thema der Föderalismusdiskussion geblieben, hat sich aber angesichts der Verfestigung politischer und gesellschaftlicher Praxis innerhalb der bestehenden Ländergrenzen zunehmend als schwer realisierbar erwiesen.

Ihren verfassungsrechtlichen Ausdruck findet die Neugliederungsfrage im Artikel 29 Grundgesetz. Demnach soll die territoriale Gliederung des Bundes in Länder gewährleisten, „dass die Länder nach Größe und Leistungsfähigkeit die ihnen obliegenden Aufgaben wirksam erfüllen können". Dieser Satz spricht die Probleme der Effektivität der Staatstätigkeit an und bestimmt die Leistungsfähigkeit der Länder als zentralen Maßstab für eine Neugliederung. Zudem nennt Art. 29 Abs. 1 GG die landsmannschaftliche Verbundenheit, die geschichtlichen und kulturellen Zusammenhänge, die wirtschaftliche Zweckmäßigkeit sowie die Erfordernisse der Raumordnung und der Landesplanung als zu berücksichtigende Kriterien für den territorialen Zuschnitt der Länder. Aus diesen Kriterien ergeben sich unterschiedliche Folgerungen, weshalb sie zu gewichten und abzuwägen sind. Für die entsprechenden Abwägungsentscheidungen bei einer Neugliederung ist der Bund zuständig,[1] der aber faktisch nicht ohne die Zustimmung der Länder handeln kann. Beides, die Zielkonflikte und die Notwendigkeit der Bund-Länder-Zusammenarbeit, macht eine Reform der Gebietsgrenzen schwierig.

Bund und Länder haben die Neugliederungsfrage in den letzten Föderalismusreformen bewusst ausgeklammert. Mit den Reformen haben sie zwar auf offensichtliche Defizite des Bundesstaats reagiert, dabei aber eine essentielle Bedingung für dessen Leistungsfähigkeit, nämlich den Zuschnitt der Länder, nicht angemessen behandelt. Zwar sieht Artikel 29 GG seit 1976 keine Pflicht zur Neugliederung mehr vor, die Soll-Vorschrift impliziert aber, dass die Eignung der Ländergliederung zu überprüfen und als Reformoption zu beachten ist, wenn die Leistungsfähigkeit einzelner Länder in Frage steht und damit das Machtgleichgewicht im Bundesstaat und die Funktionsfähigkeit des Staates im

[1] Mit der Ausnahme der Sonderregelung in Art. 118 a GG.

Ganzen beeinträchtigt sind. Wie im Folgenden dargelegt wird, haben die bestehenden Ländergrenzen negative Effekte, die eine ernsthafte Befassung mit dieser Option erforderlich machen.

Die Untersuchung der territorialen Struktur des deutschen Bundesstaats, deren Ergebnisse im Folgenden zusammengefasst werden, geht von einem Föderalismusverständnis aus, das im Grundgesetz verankert und in der politischen Praxis anerkannt ist. Darauf aufbauend werden zentrale Probleme erörtert, die sich aus der bestehenden territorialen Gliederung ergeben. In einem weiteren Schritt wird der Frage nachgegangen, inwieweit sich aufgrund dieser Analyse eine Neugliederung des Bundesgebiets als notwendig oder wünschenswert erweist.[2] Unabhängig von der Antwort auf diese Fragen wird auch untersucht, auf welchem Weg eine Neugliederung möglich wäre bzw. ob und, wenn ja, welche alternativen Lösungen praktizierbar und sinnvoll sind. Neben der Option eines reformierten Finanzausgleichs wird dabei die Verbesserung der Länderkooperation erörtert. Abschließend werden die Schlussfolgerungen für eine Föderalismuspolitik zusammengefasst.

2 Leitbild des Föderalismus

Das Grundgesetz legt in Art. 29 Abs. 1 GG Kriterien fest, nach denen die Ländergliederung zu bewerten ist. Diese Kriterien sind unter Beachtung der Grundprinzipien der Verfassungsordnung zu interpretieren und gegeneinander abzuwägen. Die Gewichtung der einzelnen Maßstäbe kann sich durchaus verändern. Dies gilt auch für die Auffassung darüber, welche Form des Föderalismus am besten zur Verwirklichung der Verfassungsprinzipien geeignet ist. Nachdem Bund und Länder mit der angestrebten Modernisierung des Bundesstaats die Länder stärken wollten ohne damit einen ökonomischen Wettbewerb zwischen diesen auszulösen, können wir trotz aller Kontroversen über Föderalismuskonzepte (vgl. Mehde 2012: 443 ff.) davon ausgehen, dass das Leitbild eines dezentralen, demokratischen und sozialen Bundesstaats, welches auch die „Ernst-Kommission" ihren Analysen und Schlussfolgerungen zugrunde gelegt hatte, nach wie vor gültig ist. Ausgehend von den zentralen Grundsätzen der Verfassungsordnung, lässt sich dieses Leitbild des Bundesstaats folgendermaßen definieren:

1. *Selbstverwirklichung der Bürgerinnen und Bürger*: Föderalismus soll dazu dienen, den Menschen alternative Angebote an öffentlichen Gütern bereitzustellen, zwischen denen sie durch Mobilität frei, also ohne ökonomischen Zwang, wählen können. Die Wahl der Gebietskörperschaft, in der die Menschen leben und an öffentlichen Angelegenheiten mitwirken wollen, gehört zu ihren positiven Freiheitsrechten.
2. *Demokratischer Bundesstaat*: Föderalismus erweitert die Beteiligungsmöglichkeiten in Wahlen und partizipativen Verfahren. Zugleich fördert er die Machtbegrenzung und -balance zwischen Bund und Ländern. Beides ist nur gewährleistet, wenn die Länder relevante Kompetenzen selbstständig erfüllen und ein wirksames Gegengewicht zum Bund bilden können. Ferner müssen Länder im Rahmen ihrer Kompetenzen und finanziellen Möglichkeiten autonom über Aufgaben entscheiden können, sodass ihren Amtsträgern und Abgeordneten Entscheidungen politisch zugeschrieben werden können und der Wettbewerb zwischen Parteien mit einem Machtwechsel

[2] Diese Analyse entspricht der Vorgehensweise der Sachverständigenkommission für die Neugliederung des Bundesgebietes, die zwischen 1970 und 1973 unter Leitung des damaligen Staatssekretärs a.D. Werner Ernst gearbeitet hat (vgl. Bundesministerium des Innern 1973).

auch einen Politikwechsel auf beiden Ebenen des Bundesstaats ermöglicht. Ein demokratischer Bundesstaat wird durch Dezentralisierung und Autonomie der Länder gestärkt.

3. *Sozialer Bundesstaat*: Das Sozialstaatsprinzip verlangt eine effektive Erfüllung von öffentlichen Aufgaben und gleichzeitig eine gerechte Verteilung von Leistungen und Lasten. Dies muss auch zwischen Gebieten gelten, weil ansonsten raumstrukturelle Ursachen für soziale Ungleichheit oder Zwänge zur Mobilität erzeugt werden. Die föderale Ordnung muss gleichwertige Lebensbedingungen anstreben und setzt daher die Solidarität mit wirtschaftlich schwachen Räumen voraus.

Ein Bundesstaat, der auf diese Ziele ausgerichtet ist, muss einen möglichst hohen Grad an Dezentralisierung und Vielfalt verbinden mit Strukturen und Verfahren, die Gleichwertigkeit der öffentlichen Leistungen und ein ausreichendes Maß an Rechtseinheit gewährleisten. Die Balance zwischen diesen – nicht ohne Weiteres zu vereinbarenden – Anforderungen muss immer wieder neu gefunden werden. Im Zuge der europäischen Integration und der Globalisierung der Märkte stieg die Tendenz zu einheitlicher Regulierung, während zugleich die regionalen Angebote an öffentlichen Leistungen (Infrastruktur, Bildung, Verwaltung, Dienstleistungen) an Bedeutung gewannen, wobei diese unter zunehmend ungleichen wirtschaftlichen Bedingungen zu erbringen sind. Um unter diesen Gegebenheiten die Balance aus Zentralisierung und Dezentralisierung, Unitarisierung und Vielfalt, Autonomie und Koordination zu stabilisieren, bedarf es mehr denn je politisch, administrativ und finanziell ausreichend leistungsfähiger Länder.

Die Leistungsfähigkeit eines Landes hängt nicht allein vom Gebietszuschnitt ab. Dieser stellt eine strukturelle Bedingung dar, die im Kontext anderer Bedingungen ihre Wirkungen entfaltet. Mit anderen Worten: die territoriale Struktur ist eine unter mehreren „Stellgrößen“, die verändert werden kann, um die Ziele des Föderalismus zu verwirklichen. Ihr Gewicht hängt davon ab, inwieweit sie im Vergleich zu anderen Stellgrößen für Defizite ursächlich ist. Die Ernst-Kommission hat dementsprechend ihr Augenmerk auf Fehlentwicklungen konzentriert, die maßgeblich durch die Ländergliederung verursacht werden. Dem wird hier gefolgt.

Fehlentwicklungen liegen dann vor, wenn die territoriale Gliederung des Bundesstaats verhindert, dass einzelne Länder ihre Aufgaben hinreichend erfüllen können. Dabei sind politische, administrative und finanzielle Aspekte zu unterscheiden:

- Die politische Leistungsfähigkeit eines Landes ist gegeben, wenn die legitimierten Organe über wesentliche Aufgaben eigenständig entscheiden können und die Folgen politisch zu verantworten haben. Fehlentwicklungen entstehen, wenn aufgrund des Gebietszuschnitts Lebens- und Wirtschaftsräume, auf die sich öffentliche Aufgaben der Länder beziehen, zerschnitten werden und deshalb Entscheidungen eines Landes erhebliche Auswirkungen auf angrenzende Länder haben (externe Effekte). Zudem sind Länder dann nicht hinreichend leistungsfähig, wenn sie – bedingt durch ihre geringe Größe oder niedrige Wirtschaftskraft – über zu geringe Kapazitäten verfügen, um in wichtigen Politikfeldern ihre Interessen gegenüber dem Bund, anderen Ländern oder der EU zu vertreten. Die mangelnde politische Leistungsfähigkeit gefährdet dann auch die Machtbalance im Bundesstaat.
- In administrativer Hinsicht erfordert die Leistungsfähigkeit der Länder, dass sie über die notwendigen organisatorischen und personellen Kapazitäten verfügen, um die von ihnen verlangten Leistungen zu erbringen.

- In finanzieller Hinsicht hängt die Leistungsfähigkeit der Länder von ihrer Finanzkraft ab, die wiederum in Verhältnis zu den Aufgaben (bzw. daraus resultierenden Ausgaben) zu setzen ist. Einnahmen und Ausgaben resultieren zwar einerseits aus politischen Entscheidungen der Länder, die Gebietsstrukturen der Länder haben jedoch in Verbindung mit bestehenden räumlichen Wirtschaftsstrukturen dauerhafte Unterschiede in den Einnahmepotenzialen und Ausgabenbelastungen entstehen lassen. Diese Unterschiede sind in dem zu untersuchenden Kontext von Bedeutung. Dem Prinzip des sozialen Bundesstaats entsprechend wird die originäre Finanzkraft[3] durch innerstaatliche Finanztransfers korrigiert. Allerdings wird man unterstellen können, dass die Abhängigkeit einzelner Länder von innerstaatlichen Transfers nicht zu groß werden darf, da ansonsten ihre Autonomie in Zweifel zu ziehen ist. Nach dem Prinzip des sozialen Bundesstaats sind Eigenständigkeit und Solidarität angemessen zu gewichten. Deshalb sind der territoriale Zuschnitt von Ländern und das Ausmaß von finanziellen Transfers in einem angemessenen Verhältnis auszutarieren.

3 Gründe für eine Neugliederung: Fehlentwicklungen aufgrund der bestehenden Ländergliederung

Der Bundesstaat hat sich seit der Gründung der Bundesrepublik Deutschland deutlich gewandelt. Dabei sind, gemessen am Leitbild des Föderalismus, „Fehlentwicklungen“ aufgetreten. Gemeint sind mit dieser Bezeichnung dauerhafte oder sich verstärkende Entwicklungen. Im Folgenden werden diejenigen dargestellt, die maßgeblich durch die bestehende Ländergliederung bedingt sind.

3.1 Fehlentwicklungen hinsichtlich der politischen Leistungsfähigkeit

Im Hinblick auf die politische Leistungsfähigkeit eines Landes hat schon die Ernst-Kommission darauf aufmerksam gemacht, dass diese sich letztlich in demokratischen Verfahren ausdrücken muss, die nicht auf die Bundespolitik, sondern auf die Landespolitik ausgerichtet sind. Als Indiz für die Schwäche der Länder wird oft die Tatsache genannt, dass Landtagswahlen weitgehend zu Testwahlen für die Bundespolitik degeneriert seien. Abgesehen davon, dass man diese Behauptung nicht verallgemeinern darf (vgl. Völkl 2009), ist dieses Wählerverhalten kaum auf die Gebietsstruktur eines Landes zurückzuführen. Die territoriale Gliederung wirkt sich in anderer Weise auf die politische Leistungsfähigkeit von Ländern aus. Die Frage ist vielmehr, ob alle Länder aufgrund ihres territorialen Zuschnitts ihre Kernaufgaben eigenständig erfüllen und verantworten können und ihre Landesinteressen gegenüber dem Bund und der EU effektiv vertreten können.

[3] Die originäre Finanzkraft bezeichnet die Einnahmen, die aufgrund der Zuständigkeiten für die Einnahmeerhebung und der wirtschaftlichen Bedingungen zu erzielen sind. Sie können mit den Einnahmen vor der Korrektur im Finanzausgleich und ohne Transferleistungen gemessen werden, also den Einnahmen, die die Länder innerhalb ihres Gebietes erwirtschaften („örtliches Aufkommen“), wobei für den Ländervergleich üblicherweise diese Einnahmen pro Einwohner berechnet werden. In Deutschland wird die Mehrwertsteuer nicht nach dem örtlichen Aufkommen, sondern nach der Einwohnerzahl auf die Länder aufgeteilt, weil das Steueraufkommen durch den Konsum der Einwohner verursacht wird, die Steuer aber bei den Verkäufern erhoben wird. Zudem wird bis zu einem Viertel der Mehrwertsteuereinnahmen der Länder genutzt, um einen Ausgleich zwischen finanzschwachen und finanzstarken Ländern herbeizuführen. Die originäre Finanzkraft (genauer Steuerkraft) der Länder wird üblicherweise nach der Umsatzsteuerverteilung gemessen. Dem wird hier nicht gefolgt (vgl. Tabelle 1 Spalte 2).

Externe Effekte in Stadtregionen und Stadtstaatenproblematik

Bedingt durch die Gebietsstruktur wird die politische Leistungsfähigkeit eines Landesparlaments und einer Landesregierung beeinträchtigt, wenn Entscheidungen benachbarter Länder erhebliche Auswirkungen auf dieses Land oder umgekehrt ihre Entscheidungen weitreichende Folgen für andere umliegende Länder haben (externe oder grenzüberschreitende Effekte). Das ist in erster Linie in Stadtstaaten und den umliegenden Flächenländern der Fall, betrifft aber auch andere Metropolregionen, die durch Landesgrenzen zerschnitten sind.

Externe Effekte sind in den Stadtstaaten und den umliegenden Flächenländern, aber auch in länderübergreifenden Metropolregionen deshalb besonders ausgeprägt, weil dort die wirtschaftlichen und siedlungsstrukturellen Verflechtungen sehr eng sind. Deshalb sind fast alle grundlegenden Landesaufgaben wie die Landes- und Regionalplanung, die Hochschulpolitik, die Krankenhausplanung, die Verkehrs-, Wirtschafts- und Ansiedlungspolitik mit grenzüberschreitenden Effekten verbunden. Das hat weitreichende Folgen für die Aufgabenwahrnehmung. Wenn die Nutzen einer Infrastrukturinvestition oder einer anderen kostenträchtigen Maßnahme eines Landes nicht nur ihm, sondern in erheblichem Umfang angrenzenden Ländern zufallen, sind die Anreize für das investierende Land möglicherweise zu gering, um diese Maßnahme durchzuführen, obwohl für den grenzüberschreitenden Wirtschaftsraum als Ganzes gesehen die Investition vorteilhaft wäre. Zudem bestehen für Länder, die eine standortrelevante Aufgabe wahrnehmen wollen, Anreize, diese auf eigenem Staatsgebiet zu realisieren, obwohl – wiederum für den verflochtenen Wirtschaftsraum als Ganzes gesehen – es effizienter wäre, für die Maßnahme einen Standort im angrenzenden Bundesland zu wählen. Schließlich ist es möglich, dass über wichtige Infrastrukturmaßnahmen, die für den grenzüberschreitenden Wirtschaftsraum wichtig sind, überhaupt keine Entscheidungen zustande kommen, weil die betroffenen Länder sich nicht über die Verteilung der Erträge und Kosten einigen können. Kurzum, es gibt in zerschnittenen Wirtschafts- und Siedlungsräumen vielfältige, erhebliche Hindernisse, um zu einer effizienten Aufgabenwahrnehmung zu gelangen. Durch eine territoriale Neugliederung, die zusammenhängende Wirtschaftsräume in einem Bundesland aufgehen lässt, könnten diese Ineffizienzen beseitigt werden.

Zu berücksichtigen ist, dass Stadt-Umland-Verflechtungen zum Teil ein Gegenstand der lokalen Politik sind, woran sich durch eine andere Gliederung der Länder nichts ändern würde. Allerdings wären die Koordinationsprobleme innerhalb eines einheitlichen Landes leichter zu lösen, weil sowohl die Schaffung geeigneter regionaler Institutionen als auch ein finanzieller Ausgleich zwischen Kommunen eher gelingen würde, wenn sich nicht mehrere Landesregierungen und Landesparlamente einigen müssen (vgl. Scharpf/Benz 1991).

Angesichts der oben beschriebenen Probleme für eine effiziente Aufgabenwahrnehmung in zusammenhängenden Wirtschaftsräumen versuchen die betreffenden Länder zwar, ihre Raumplanungen und Entscheidungen mit grenzüberschreitenden Effekten zu koordinieren. Die zu beobachtende zunehmende Intensität der Kooperation ist ein Indiz für die stärker werdenden externen Effekte, die in diesen Räumen zu bewältigen sind. Die zunehmende Kooperation ändert jedoch nichts an den oben beschriebenen Fehlanreizen, die sich durch Kooperationen selten beheben lassen. Insbesondere mit Blick auf die Stadtstaaten, aber auch zum Teil auf die umliegenden Flächenländer, kann hieraus auf eine mangelnde politische Leistungsfähigkeit geschlossen werden. Sie variiert zwar zwischen Berlin, Bremen und Hamburg im Ausmaß, ist aber in allen drei Fällen festzustellen.

Für andere Metropolregionen, die durch Ländergrenzen zerschnitten werden, gilt, dass die Aufgabenverflechtungen auf kommunaler Ebene genauso intensiv sind wie im Fall der Stadtstaaten und der umliegenden Kommunen in den Nachbarländern. Auf der Landesebene fällt das Ausmaß der externen Effekte jedoch weniger ins Gewicht, weil die Fläche der betroffenen Länder größer ist. Von einer signifikanten Beeinträchtigung der politischen Leistungsfähigkeit der betreffenden Länder aus diesem Grunde kann man daher wohl nur eingeschränkt sprechen. Die Koordination der Stadt-, Regional- und Landesplanung wäre gleichwohl innerhalb eines einzigen Landes weniger schwierig. Auch ist ein finanzieller Ausgleich zwischen Kommunen, die in unterschiedlichen Ländern liegen, schwierig zu realisieren.

Folgen der Kleinheit: Das Beispiel Hochschulentwicklung

Nicht nur in Stadtstaaten, sondern auch in anderen kleinen Ländern sind die politischen Handlungsspielräume für die Erfüllung von Länderaufgaben durch Landesgrenzen eingeschränkt. Das lässt sich beispielsweise für die Hochschulentwicklung zeigen, einem wichtigen Politikfeld, für das die Länder zuständig sind. Unabhängig von den finanziellen Schwierigkeiten, ihre Hochschulen angemessen auszustatten, sind Flächenländer wie das Saarland, Sachsen-Anhalt oder Brandenburg mit der Tatsache konfrontiert, dass sie eine leistungsfähige Infrastruktur für Wissenschaft und Forschung nur durch arbeitsteilig organisierte und gut vernetzte Einrichtungen in länderübergreifenden Kooperationen gewährleisten können.

Dem entsprechend kam der Wissenschaftsrat in seinem jüngsten Gutachten zum Hochschulsystem des Saarlandes zu folgendem Schluss:

„Das Saarland ist mit etwa 1% Anteil sowohl an der Fläche als auch an der Bevölkerung Deutschlands das kleinste Flächenland. Dies bringt einerseits Vorteile mit sich, da kurze Wege Absprachen und interne Zusammenarbeit erleichtern können. Andererseits ist offensichtlich, dass das Land und sein Hochschulsystem insbesondere in seinem Angebot in Lehre und Studium nicht „autark" sein können und – zumindest bei zunehmender Mittelknappheit – auch auf externe Angebote und Kooperationen angewiesen sind, um sämtliche Bedarfe decken zu können.

Aus Sicht des Wissenschaftsrates ergibt sich daraus für das Saarland und seine wissenschaftlichen Einrichtungen die Notwendigkeit und die Chance, in die folgende Richtung zu agieren: Das Saarland sollte im Zuge seiner Hochschulentwicklungsplanung ab 2014 intensive Kooperationsmöglichkeiten und Abstimmungen für komplementäre Strukturen mit den Bundesländern im Südwesten Deutschlands ausloten. Der Wissenschaftsrat bittet dazu die anderen Länder um Solidarität mit dem Saarland, so dass frühzeitig die Weichen für derartige Kooperationen – möglicherweise bis hin zu einer in Teilen länderübergreifenden Hochschulentwicklungsplanung – gestellt werden können" (Wissenschaftsrat 2014: 72).

Ähnliche Aussagen finden sich in dem Gutachten zum Bremer Hochschulsystem, in dem die Notwendigkeit einer Ländergrenzen übergreifenden Verflechtung der Hochschullandschaft ebenfalls deutlich thematisiert wird (vgl. Wissenschaftsrat 2013: 77 ff.).

Die Zuständigkeiten für die Hochschulen und der Hochschulbau sind mit der Föderalismusreform 2006 in die alleinige Zuständigkeit der Länder übergegangen. Die Länder rechnen diese Aufgaben zu ihren Kernaufgaben, für die sie dem Bund nur die Gesetzgebungskompetenz für die Regelung der Hochschulzulassung und der Hochschulabschlüsse eingeräumt haben. Wenn ein Land eine solche zentrale Aufgabe wie die Hochschulentwicklung, die bei Wahlen in Ländern eine nicht unerhebliche Bedeutung hat, nicht allein erfüllen kann, dann verweist dies auf Defizite in seiner politischen Leistungsfähigkeit. Daran ändert auch die Aufhebung des sogenannten Kooperationsverbots nichts.

Vertretung von Länderinteressen in der Bundes- und Europapolitik

Neben ihrer Fähigkeit, Landesaufgaben eigenständig zu erfüllen, müssen Länder im kooperativen Bundesstaat auch in der Lage sein, Landesinteressen wirksam in der Bundes- und Europapolitik zu vertreten. Das Ausmaß der vertikalen Politikverflechtung wird in Deutschland zwar immer wieder kritisiert und war Gegenstand mehrerer Föderalismusreformen. Angesichts der zunehmenden Interdependenz von Aufgaben, die in allen Bundesstaaten festzustellen ist (vgl. Chattopadhyay/Nerenberg 2010), müssen aber Bund und Länder entsprechende Entscheidungen abstimmen und die Länder in diesem Prozess ihre Interessen wirksam vertreten können. Über diese Verfahren kann gewährleistet werden, dass vielfältige territoriale Interessen in der Bundespolitik berücksichtigt werden und so ein Ausgleich zwischen gesamt- und teilräumlichen Belangen gelingen kann. Ob Länder die Aufgabe der Interessenvertretung hinreichend erfüllen können, hängt von ihrer Fähigkeit zur Informationsverarbeitung und ihrer Durchsetzungsfähigkeit ab.

Die Informationsverarbeitung scheint zumindest hinsichtlich der europäischen Politik für kleine Länder schwierig zu sein. Sie stellen dafür – in absoluten Zahlen gemessen – relativ wenig Personal bereit, und die zuständigen Beamten sind teilweise gleichzeitig für bundespolitische wie europapolitische Interessenvertretung zuständig. Die Existenz von Landesvertretungen und Europabüros auch kleiner Bundesländer darf nicht darüber hinwegtäuschen, dass die Kapazitäten für einzelne Politikfelder der Komplexität der Materien nicht immer angemessen sind. Auf Defizite in der Personalausstattung weist auch hin, dass große Länder eher in der Lage sind, mit anderen europäischen Regionen Kooperationen einzugehen. In den inter-regionalen Beziehungen in Europa sind jedenfalls etwa Bayern, Baden-Württemberg oder Nordrhein-Westfalen deutlich stärker engagiert als kleine Länder. Innerhalb des deutschen Föderalismus stellt sich die Situation anders dar. Hier spielen Probleme der Informationsverarbeitung eine geringere Rolle als in Europa.

Die Fähigkeit zur Interessendurchsetzung hängt von der faktischen Macht eines Landes ab. In bundespolitischen Entscheidungen haben große Länder einerseits Vorteile, weil sie wegen der Bedeutung ihrer Wählerschaft für die Bundespolitik gewichtiger sind als kleine Länder. Dem wirkt allerdings die Stimmenverteilung im Bundesrat entgegen, die kleinen Ländern pro Kopf ihrer Bevölkerung ein höheres Gewicht verleiht. Kleine Länder können deshalb, auch in Koalitionen unter ihnen, einen – gemessen an ihrem Bevölkerungsanteil – überproportionalen Einfluss auf bundespolitische Entscheidungen ausüben, insbesondere dann, wenn ihre Stimmen für die Mehrheitsbeschaffung entscheidend sind. Die Folge ist, dass der Bund oder andere Länder die Zustimmung der betreffenden Länder nicht selten mit teuren Konzessionen erkaufen müssen (vgl. Lammers 1999: 429 ff.).[4]

---

[4] Es gibt Anlass zu der Vermutung, dass das überproportionale Stimmengewicht kleiner Länder einen Einfluss auf die Position dieser Länder im bundesstaatlichen Finanzausgleich hat: Je größer das relative Stimmengewicht, desto größer ist die Verbesserung in der Finanzausstattung, die durch Finanzausgleichsregeln herbeigeführt wird (vgl. Lammers 1999: 429 ff.).

In Europa spielen diese Argumente keine Rolle. In der EU haben die Länder keine Mitentscheidungsrechte. Ihre Durchsetzungsfähigkeit ist dementsprechend von ihrer Fähigkeit zur sachlichen Argumentation in Beratungen abhängig. Hier ist die Kapazität zur Informationsverarbeitung entscheidend.

In der Tendenz lässt sich damit festhalten, dass die politische Leistungsfähigkeit in der Bund-Länder-Kooperation für alle Länder hinreichend vorhanden sein dürfte, allerdings mit der Nebenwirkung durchaus problematischer Ergebnisse, nicht zuletzt im Hinblick auf Finanzströme im Bundesstaat. Auf der Ebene der Europapolitik ist die Informationskapazität der kleinen Länder durchaus als defizitär zu bewerten. Die bestehende Ländergliederung wirkt sich insofern nachteilig auf die „Europafähigkeit" des Bundesstaats aus.

3.2 Fehlentwicklungen hinsichtlich der administrativen Leistungsfähigkeit

Die Länder sind im deutschen Bundesstaat maßgebliche Träger von Verwaltungsaufgaben. Deswegen ist ihre administrative Leistungsfähigkeit für die Funktionsweise des Föderalismus in Deutschland besonders relevant. Als Indikator zur Bestimmung der administrativen Leistungsfähigkeit kann für die meisten Aufgaben die Personalausstattung pro Einwohner im Verhältnis zur Aufgabenbelastung herangezogen werden, bei einzelnen Aufgaben sollte aber auch die absolute Zahl der Beschäftigten berücksichtigt werden. Die Aufgabenbelastung ist allerdings schwer zu operationalisieren, zumal hierbei Bewertungen einfließen.

Entscheidend für die administrative Leistungsfähigkeit ist das Verhältnis von Personalausstattung und Personalbedarf der einzelnen Länder, welches für jedes Bundesland separat, unter Berücksichtigung bundesdurchschnittlicher wie landesspezifischer Gegebenheiten zu berechnen ist. Ferner müsste nach Aufgabenbereichen differenziert werden, die für die Beurteilung der administrativen Leistungsfähigkeit eines Landes unterschiedliches Gewicht haben. Folglich besteht die Notwendigkeit zur Entwicklung spezieller Personalbedarfsmodelle. Hierbei müssen Kriterien wie der demographische Wandel und die damit im Zusammenhang stehende Bestimmung der Leistungsnehmergruppen, die Landesfläche und regionale Strukturunterschiede zwingend Berücksichtigung finden.

Der *demographischen Entwicklung* kommt im vorliegenden Kontext eine zentrale Bedeutung zu. Zwar wird die Zahl der Einwohner bis 2020 in etwa auf dem Niveau von 2011 bleiben, allerdings verbergen sich hinter dieser Stabilität große Unterschiede zwischen den Ländern. Diese gibt es auch bei der Geburtenentwicklung, die erhebliche Bedeutung für die Planung von Kindertagesstätten und Schulen hat und sich maßgeblich auf die zukunftsorientierte Kalkulation des Bedarfs von Ausbildungs- oder Studienplätzen auswirkt (vgl. Statistisches Bundesamt 2009). Mit Blick auf die bevorstehende Renten- und Pensionswelle können geburtenschwache Jahrgänge zu Nachbesetzungsdefiziten führen (vgl. Statistisches Bundesamt 2010).

Wie bereits der Hinweis auf den Bildungsbereich deutlich macht, hat die demographische Entwicklung nicht nur Auswirkungen auf die Personalaltersstruktur, sondern muss auch bei der Personalverteilung auf Aufgabenbereiche berücksichtigt werden. So ist im Bereich des Gesundheits- und Sozialwesens mit einem Personalbedarfsanstieg aufgrund der steigenden Lebenserwartung der Bevölkerung zu rechnen.

Die *Landesfläche* ist für die Personalbedarfsplanung insoweit von Bedeutung, als sie Einfluss auf die Zahl der behördlichen Einrichtungen eines Aufgabenbereichs hat. Hierbei bilden die Besiedelung der ländlichen Gegenden und die Anzahl von Städten, Regionen und Metropolen wichtige Berechnungsfaktoren.

Diese Bedarfsermittlung ist mit erheblichen Problemen verbunden und äußerst aufwendig.[5] Mit den verfügbaren Daten können keine Aussagen zum Personalbedarf der heutigen Länder und damit zur administrativen Leistungsfähigkeit der Bundesländer gemacht werden. Hierfür bedarf es zunächst angepasster Modelle zur Personalbedarfsermittlung für jeden Aufgabenbereich der öffentlichen Verwaltung, welche sowohl landestypische als auch aufgabenbezogene Kriterien berücksichtigen. Der hierdurch ermittelte Idealwert pro Aufgabenbereich pro Bundesland ist dann mit dem tatsächlichen Personalbestand ins Verhältnis zu setzen. Nach den vorhandenen Daten kann nicht nachgewiesen werden, dass einzelne Länder die Grenzen ihrer administrativen Leistungsfähigkeit erreicht haben. Auch muss offen bleiben, ob diese durch eine Länderneugliederung überhaupt verbessert werden kann.

Die Frage nach der administrativen Leistungsfähigkeit kann nur im Zusammenwirken des Bundes und der Länder geklärt werden. Hierzu hat die neue Gemeinschaftsaufgabe nach Art. 91 d GG, nach der Bund und Länder zur Feststellung und Förderung der Leistungsfähigkeit ihrer Verwaltung Vergleichsstudien erstellen können, die erforderlichen Voraussetzungen geschaffen. Insofern ist dringend zu empfehlen, das Instrumentarium des Leistungsvergleichs der öffentlichen Verwaltungen zu nutzen.

Ausgehend von den Aufgaben der Landesverwaltung lässt sich generell feststellen, dass sich auch hier Probleme der Kleinheit stellen. So können spezielle Infrastruktureinrichtungen etwa im Verkehrs- oder Energiesektor nur in bestimmten Größenordnungen effektiv und effizient erstellt und betrieben werden („Skaleneffekte"). Für bestimmte Verwaltungsaufgaben erreichen kleine Länder nicht die erforderlichen Mindestgrößen, die die notwendige Spezialisierung der Leistungen und ein Angebot ermöglichen, das im europäischen Standortwettbewerb konkurrenzfähig ist. Insofern gibt es Indizien, dass kleine Länder auch in administrativer Hinsicht nicht im erforderlichen Maße leistungsfähig sind.

---

[5] Die Schwierigkeiten der Bedarfsermittlung lassen sich an einem Modell zur Personalbedarfsermittlung im Bereich der Justiz darstellen. Es ist besonders relevant, weil hier der Grundsatz der Gleichheit ein besonderes Gewicht hat: Seit Jahren wird in der Justiz der Mangel an Personal kritisiert. Um dem entgegenzutreten wurde 2005 das Personalbedarfsberechnungssystem „Pebb§y" eingeführt. Dies löste das bisher geltende Pensensystem ab, welches den Bedarf überwiegend aus Verfahrenseingangszahlen unter Berücksichtigung bestehender Mitarbeiterzahlen ermittelte. Im Unterschied hierzu wird mit „Pebb§y" für jedes gerichtliche oder staatsanwaltschaftliche Verfahren eine durchschnittliche Bearbeitungszeit berechnet, die sog. „Basiszahl" (vgl. Arthur Andersen Business Consulting 2002: 8 f.). Sie stellt den Arbeitsumfang in Minuten dar und bezeichnet den Aufwand pro Akte. So wird beispielsweise für Wirtschafts- und Steuerstrafsachen vor dem Strafrichter eine Bearbeitungszeit von 300 Minuten veranschlagt, für Verkehrsunfallsachen am Amtsgericht in der zivilen Gerichtsbarkeit 220 Minuten (vgl. Deutscher Richterbund o. J.).

Weiteres Bemessungskriterium ist der „Bestand", also die Summe der eingehenden Verfahren, zum Teil auch der laufenden Verfahren. Mithilfe von Multiplikation der beiden Faktoren, wird das Produkt nun ins Verhältnis zur Jahresarbeitszeit gesetzt und ergibt den Personalbedarf. Die Jahresarbeitszeit wird durch die Justizverwaltung bestimmt. Da hierbei bereits die Anzahl der Feiertage, aber auch durchschnittliche Fehltage Berücksichtigung finden, differiert sie von Bundesland zu Bundesland (vgl. Amtsrichterverband).

Nicht zu Unrecht erfährt das Bedarfsberechnungssystem massive Kritik. So wird bemängelt, dass als Grundlage für die Festsetzung der Bedarfszahlen nicht die Arbeitszeit ermittelt wurde, welche erforderlich ist für eine angemessene und vor allem sachgerechte Bearbeitung eines Verfahrens. Vielmehr lag die zum Zeitpunkt der Erhebung tatsächlich aufgewendete Arbeitszeit zugrunde. Dabei wurde nicht berücksichtigt, dass bereits ein Personalmangel bestand (vgl. Klein o. J.: 2; zur Erhebungsmethodik vgl. Arthur Andersen Business Consulting 2002: 2).

3.3 Fehlentwicklungen hinsichtlich der finanziellen Leistungsfähigkeit

Die administrative Leistungsfähigkeit ist in erheblichem Maß abhängig von der finanziellen Leistungsfähigkeit.[6] Diese bezeichnet die Fähigkeit eines Landes, seine Aufgaben mittels seiner eigenen Finanzausstattung wahrnehmen zu können. Sie ergibt sich einerseits aus der Finanzkraft eines Landes nach Finanzausgleich, zum anderen aus dessen Belastung mit Ausgaben, die das Land nicht beeinflussen kann. Die finanzielle Leistungsfähigkeit der Länder wird durch spezifische Vorgaben der Finanzverfassung beeinflusst: Einerseits sind ihre Steuereinnahmen wie viele ihrer Ausgaben in erheblichem Umfang von der Bundesgesetzgebung bestimmt, andererseits unterliegen die Länder der Schuldenbremse des Grundgesetzes und ggf. entsprechender Regelungen in den Landesverfassungen (vgl. Hildebrandt 2008: 15 f.).

Betrachtet man die Neugliederung und die Finanzausgleichszahlungen als zwei Optionen, um die für einen funktionsfähigen Bundesstaat erforderliche Balance von Aufgaben und finanzieller Leistungsfähigkeit der Gebietskörperschaften herzustellen, dann sind sowohl die originäre Finanzkraft (vgl. die Definition in Fn. 4) als auch die Finanzkraft nach Finanzausgleich zu betrachten. Der Bedarf für eine Neugliederung aus Gründen mangelnder originärer finanzieller Leistungsfähigkeit kann durch Finanzausgleichszahlungen reduziert oder gar ganz kompensiert werden, aber die Neugliederung ist umgekehrt ein Weg, um einen zu starken Eingriff in die Länderautonomie durch Transferzahlungen zu vermeiden. Der endogene Zusammenhang zwischen Neugliederung und Transferzahlungen wird in Kapitel 5 näher erörtert.

Finanzkraft der Länder

Die Wirkungen des heutigen Finanzausgleichssystems sollen am Beispiel des Jahres 2011 dargestellt werden (vgl. Tabelle 1). Ausgangspunkt ist die Kennziffer für die originäre Finanzkraft (Steuereinnahmen pro Einwohner vor Umsatzsteuerverteilung), die erhebliche Unterschiede nicht nur zwischen West- und Ostdeutschland, sondern weiterhin auch zwischen den westdeutschen Ländern aufweist. Auch hinsichtlich der Rangfolge der Länder haben sich die Verhältnisse im Zeitablauf nicht wesentlich geändert. Lediglich Bayern, das 1972 mit 94,1% des Länderdurchschnitts noch zu den finanzschwachen Ländern gehörte, hat mit 127,9% seine Position signifikant verbessert (erster Rang in 2011). Das Saarland, Niedersachsen, Rheinland-Pfalz, Schleswig-Holstein sowie Bremen und Berlin weisen im Vergleich der westdeutschen Länder seit Jahrzehnten eine geringe originäre Finanzkraft auf. Die fünf neuen Länder erreichten 2011 im Durchschnitt nur die Hälfte der durchschnittlichen Finanzkraft der westdeutschen Länder.

Die Unterschiede der originären Finanzkraft werden in einer ersten Stufe des geltenden bundesstaatlichen Finanzausgleichssystems noch vor dem Länderfinanzausgleich im engeren Sinn durch die sog. Ergänzungsanteile (rd. 7,3 Mrd. €) im Rahmen der Umsatzsteuerverteilung erheblich reduziert. Dabei werden bis zu 25% des Länderanteils an der Umsatzsteuer nicht nach der Einwohnerzahl auf alle Länder verteilt, sondern den finanzschwachen Ländern zugewiesen (Art. 107 Abs. 1 GG). Die Ergänzungsanteile kommen wegen des erheblichen West-Ost-Gefälles nahezu vollständig (zu 96%) den neuen Ländern und Berlin zugute.

[6] Zum Begriff der finanziellen Leistungsfähigkeit vgl. Mäding 2014: 113 ff.

Im Rahmen des Länderfinanzausgleichs i. e. S. werden dann in einer zweiten Stufe rd. 7,5 Mrd. € von den finanzstarken Ländern Bayern (3,5 Mrd. €), Hessen und Baden-Württemberg an die finanzschwachen Länder überwiesen, wodurch die Unterschiede in der Finanzausstattung weiter abgebaut werden.

Tab. 1: Finanzkraft der Länder (einschl. Gemeinden) je Einwohner vor und nach Finanzausgleich in v. H. des Länderdurchschnitts im Jahr 2011

Länder	Steuer-einnahmen (ohne Umsatzsteuer)[1]	relative Finanzkraft			
		vor LFA[2]	nach LFA	nach allg. BEZ	nach Sonderbedarfs-BEZ
Bayern	127,9	112,0	102,6	101,5	97,8
Baden-Württemberg	118,3	106,3	101,0	99,9	96,3
Hessen	124,5	112,2	102,6	101,6	97,9
Nordrhein-Westfalen	101,5	96,6	97,0	96,0	92,5
Rheinland-Pfalz	96,6	93,8	95,7	95,7	92,6
Schleswig-Holstein	95,5	94,8	96,2	95,8	93,0
Niedersachsen	83,9	95,7	96,6	95,9	92,4
Saarland	81,6	90,7	94,5	95,4	93,9
Westdeutsche Flächenländer	108,7	102,4	99,1	98,3	94,8
Hamburg	155,6	133,9	132,8	131,5	126,7
Bremen	96,5	95,0	120,3	127,2	125,4
Berlin	85,5	91,0	119,4	127,0	136,4
Stadtstaaten	107,9	104,4	123,5	128,4	132,2
Brandenburg	62,4	88,7	94,4	95,9	109,7
Sachsen-Anhalt	51,6	85,9	93,5	95,5	112,0
Sachsen	51,4	86,0	93,2	95,1	109,9
Mecklenburg-Vorpommern	50,9	85,1	93,6	96,0	112,0
Thüringen	50,7	85,4	93,0	95,1	110,8
Neue Länder	53,4	86,3	93,5	95,4	110,7

Quelle: Monatsberichte der Deutschen Bundesbank, Oktober 2012, S. 40

[1] Anteile der Länder an den Gemeinschaftssteuern (ohne Umsatzsteuer) nach örtlichem Aufkommen sowie Ländersteuern.

[2] Nach dem (horizontalen) Umsatzsteuervorwegausgleich; Berücksichtigung von 64 % der Gemeindesteuern gemäß Finanzausgleichsgesetz.

In der dritten Ausgleichsstufe gewährt der Bund den finanzschwachen Ländern (neue Länder, Berlin, Bremen, Niedersachsen, Rheinland-Pfalz, Schleswig-Holstein, Saarland) zur Deckung ihres allgemeinen Finanzbedarfs sog. allgemeine Bundesergänzungszuweisungen (BEZ) in Höhe von rd. 2,5 Mrd. €. Über weitere, teilweise degressiv ausgestaltete Bundesergänzungszuweisungen in Höhe von rd. 9,5 Mrd. € im Jahr 2011 werden gesetzlich definierte Sonderbedarfe der Länder berücksichtigt, und zwar mit rd. 517 Mio. € Kosten politischer Führung (neue Länder, Berlin, Bremen, Saarland, Rheinland-Pfalz, Schleswig-Holstein), mit rd. 1 Mrd. € Belastungen aus Langzeitarbeitslosigkeit (neue Länder) sowie mit noch rd. 8 Mrd. € teilungsbedingte Sonderlasten (neue Länder und Berlin), die bis 2019 schrittweise auf 2,1 Mrd. € weiter zurückgeführt werden. Im Ergebnis werden die finanzschwachen neuen Länder und auch die Stadtstaaten pro Einwohner finanziell deutlich besser ausgestattet als etwa die Geberländer im Länderfinanzausgleich. Doch abgesehen davon, dass diese Länder auf die weitere Anerkennung von Sonderbedarfen im Finanzausgleich angewiesen sind, die jedenfalls nach der aktuellen Regelung bis 2019 auslaufen sollen, ist ihre finanzielle Leistungsfähigkeit durch Ausgabenlasten beeinflusst, die nicht im Finanzausgleich berücksichtigt werden.

Strukturell bedingte Finanzlasten der Länder

Die eigentliche Problematik der Länderhaushalte, welche Zweifel an der finanziellen Leistungsfähigkeit einzelner Länder begründet, liegt auf der Ausgabenseite. Länder mit einem relativ hohen Schuldenstand sind in ihren finanziellen Handlungsmöglichkeiten stärker eingeschränkt als diejenigen mit einem geringeren Schuldenstand. Dies folgt einerseits aus der Schuldenbremse, die verlangt, dass die Länder ab dem Jahr 2020 strukturell ausgeglichene Haushalte vorlegen und entsprechende Sparmaßnahmen treffen müssen (vgl. Detemple/Michels/Schramm 2013). Andererseits besteht die Gefahr, dass ein zunehmender Teil der Landesmittel für Zinszahlungen eingesetzt wird. In der Folge müssen Mittel für produktivere Ausgaben für Bildung und Infrastruktur, aber auch in den Kernbereichen des Gesundheits- und Sozialwesens und der öffentlichen Sicherheit (insbesondere Polizeiwesen) eingespart werden (vgl. Deubel 2014: 43 ff.).

Die staatlichen Schulden sind seit der Gründung der Bundesrepublik Deutschland deutlich gestiegen, und zwar sowohl absolut als auch im Verhältnis zum Bruttoinlandsprodukt (BIP). Diese Entwicklung führte bis Ende 2012 zu gesamtstaatlichen Schulden bei Bund, Ländern und Gemeinden (jeweils Kern- und Extrahaushalte) in Höhe von rd. 2.166 Mrd. € und einer Schuldenquote von rd. 81 %. Davon entfällt mit rd. 1.410 Mrd. € (65 %) der größte Teil auf den Bund.

Grundsätzlich resultiert die Verschuldung eines Bundeslandes aus politischen Entscheidungen. Allerdings sind die Voraussetzungen eines Landes, Steuereinnahmen zu erzielen, unterschiedlich. Sie hängen wesentlich von der Wirtschafts- und Sozialstruktur der Länder ab, z. B. von dem Besatz mit gewinnstarken Unternehmen. Auch die Ausgaben sind durch die Wirtschafts- und Sozialstruktur beeinflusst. Länder, die über die Landesgrenzen hinausreichende Infrastruktur bereitstellen (wie die Stadtstaaten) oder die aufgrund einer ungünstigen Sozialstruktur hohe Aufwendungen für die soziale Sicherung tragen, haben hierfür höhere Ausgaben je Einwohner, ohne dass für die Höhe der Ausgaben ein nennenswerter politischer Entscheidungsspielraum besteht. Die Wirtschafts- und Sozialstruktur eines Landes wiederum ist maßgeblich abhängig von dem räumlichen Zuschnitt des betreffenden Landes. Im Ergebnis sind unterschiedliche Schuldenstände der Länder teilweise durch deren politischen Ziele und Strategien, teilweise somit aber eben auch durch deren räumlichen Zuschnitt bedingt. Unabhängig von den Gründen lassen sich die Schulden einiger Länder nicht ignorieren, sondern stellen Belastungen für deren Haushaltspolitik dar, die ihre finanzielle Leistungsfähigkeit in der Zukunft maßgeblich bestimmen.[7]

Um ein aussagekräftiges Bild über die Entwicklung der Schuldenstände in den einzelnen Ländern zu erhalten, sind die Schulden (Kreditmarktschulden und Kassenverstärkungskredite) der Gemeinden und die daraus resultierenden Zinsausgaben in die Betrachtung einzubeziehen. Außerdem werden im Interesse der Vergleichbarkeit neben den Schulden und Zinsausgaben der Kernhaushalte auch diejenigen der Extrahaushalte einbezogen. Denn Länder und ihre Gemeinden haben in unterschiedlichem Maß Einrichtungen gegründet (z. B. ausgegliederte Hochschulen und Statistische Ämter, Bau- und Liegenschaftsbetriebe, Fonds zur Bewältigung der Finanzmarkt- und Wirtschaftskrise, kameralistisch buchende kommunale Zweckverbände), deren Aufgaben (z. B. Stabilisierung von Kreditinstituten) teilweise durch umfangreiche Kreditaufnahmen finanziert werden.

Die so bestimmten Schulden der Länder betrugen im Jahr 2012 im Durchschnitt 9.396 € je Einwohner, wiesen aber zwischen den Ländern sehr große Differenzen auf (vgl. Tabelle 2). Besonders problematisch sind dabei die stark gewachsenen kurzfristigen Kassenverstärkungskredite überwiegend im kommunalen Bereich im Saarland (2.062 € je Einwohner), in Rheinland-Pfalz (1.700 €), Nordrhein-Westfalen (1.635 €), Bremen (1.385 €) und Hessen (1.264 €). Kassenverstärkungskredite dürfen haushaltsrechtlich nur zur Überbrückung vorübergehender Kassenanspannung aufgenommen, nicht aber im Wege permanenter Verlängerung zur dauerhaften Kreditfinanzierung verwendet werden. Sie sind mit einem sehr hohen Zinsrisiko verbunden, da Kassenkredite deutlich kürzere Laufzeiten als Investitionskredite aufweisen.

Die angesammelten Schulden ziehen entsprechende Zinsausgaben in den jeweiligen Haushalten nach sich. Für die Höhe der Zinsausgaben sind neben dem Schuldenstand (Mengenkomponente) zwar auch die effektiven Zinssätze (Preiskomponente) maßgeblich; diese weisen aber zwischen den Ländern einschließlich deren Gemeinden nur sehr geringe Differenzen auf. Während der Schuldenstand der Länder jahrzehntelang gestiegen ist, ist der durchschnittliche Zinssatz (berechnet aus Zinsausgaben eines Jahres und dem jahresdurchschnittlichen Schuldenstand) seit 20 Jahren deutlich gesunken. Der Zinssatz für Staatsschulden schwankte im Zeitraum von 1970 bis 1990 um 7 %, lag 1992 bei 8 % und ging dann kontinuierlich zurück auf 4,25 % in den Jahren 2005 bis 2008, 3,75 % in 2009 und 3,0 % in 2012. Die öffentlichen Haushalte sind also gegenwärtig durch die historisch niedrigen Zinssätze erheblich begünstigt. Die Risiken liegen in einem möglichen Zinsanstieg, der wahrscheinlich ist, wenn sich die gesamtwirtschaftlichen Aussichten weiter aufhellen, die Inflation anzieht oder wenn ein globaler Zinsauftrieb auf Deutschland ausstrahlt.

---

[7] Das Bundesverfassungsgericht hat im Falle der Länder Bremen und Saarland diesen Ländern aufgrund einer hohen Verschuldung eine Haushaltsnotlage bescheinigt, die zu Zuweisungen des Bundes geführt hat. Zwar hat das Bundesverfassungsgericht im Falle Berlins das Vorliegen einer Haushaltsnotlage verneint, hat aber wiederum betont, dass eine Haushaltsnotlage nicht grundsätzlich ausgeschlossen ist, die letztlich dazu führt, dass der Bundesstaat (der Bund und die Ländergemeinschaft) die finanziellen Lasten einer überhöhten Verschuldung eines Bundeslandes tragen.

Die finanziellen Handlungsspielräume der Länder werden nicht nur durch Zinslasten aufgrund expliziter Verschuldung, sondern auch durch implizite Verschuldung begrenzt, die auf unabweisbaren Verpflichtungen beruhen. Dazu zählen vor allem Pensionen und Beihilfen für Beamte, für die überwiegend keine bzw. keine hinreichenden Rücklagen gebildet worden sind.

Tab. 2: Schuldenstand und Zinsausgaben je Einwohner, Zins-Ausgaben-Quote und Zins-Steuer-Quote der Länder einschl. Gemeinden im Jahr 2012

Länder	**Schulden**[1] je Einw. in €	**Zinsausgaben** je Einw. in €	**Zins-Ausgaben-Quote**[2] in %	**Zins-Steuer-Quote**[3] in %
Bayern	3.391	126	2,1	3,3
Baden-Württemberg	6.544	254	3,8	6,6
Hessen	9.851	325	4,6	8,6
Nordrhein-Westfalen	14.716	427	6,4	11,5
Rheinland-Pfalz	11.208	336	5,4	9,5
Schleswig-Holstein	11.447	327	6,2	10,6
Niedersachsen	8.948	295	5,0	8,2
Saarland	16.129	593	9,3	17,4
Hamburg	14.347	515	6,5	9,9
Bremen	31.041	958	12,1	20,3
Berlin	18.275	626	8,7	12,8
Brandenburg	8.882	291	4,1	8,6
Sachsen-Anhalt	10.588	365	5,3	10,6
Sachsen	2.304	110	1,8	3,2
Mecklenburg-V.	7.596	274	3,8	8,0
Thüringen	8.570	330	5,1	9,7
Bundesdurchschnitt	9.396	320	4,9	8,5

Quelle: Zentrale Datenstelle der Landesfinanzminister; eigene Berechnungen (Reinhard Timmer)

[1] Kreditmarktschulden und Kassenverstärkungskredite der Länder und Gemeinden (Kern- und Extrahaushalte).

[2] Zinsausgaben im Verhältnis zu den bereinigten Ausgaben der Länder und Gemeinden (Kern- und Extrahaushalte).

[3] Zinsausgaben im Verhältnis zu den Steuereinnahmen zzgl. LFA-Einnahmen, Kfz-Steuerkompensation, Förderabgabe, allgemeine BEZ, abzgl. LFA-Ausgaben.

Die Pensionsausgaben, die in Zukunft wegen der starken Ausweitung des öffentlichen Dienstes seit etwa 1970 erheblich zunehmen werden, sind heute schon im Länderdurchschnitt mit 400 € je Einwohner höher als die Zinsausgaben (320 € je Einwohner; vgl. Tab. 3). Weit überdurchschnittliche Pensionsausgaben haben Bremen (628 €), Hamburg (600 €), Saarland (525 €) und Berlin (469 €). Am geringsten sind die Pensionsausgaben in den neuen Ländern, z. B. in Sachsen (242 €) und Sachsen-Anhalt (274 €).[8] Hinzu kommt, dass die Länder in sehr unterschiedlichem Maß Vorsorge getroffen haben. Die Spanne reicht von gänzlich fehlender Vorsorge in Niedersachsen, wo sogar die 1997 bundesrechtlich eingeführte Versorgungsrücklage (§ 14 a Bundesbesoldungsgesetz) wieder aufgelöst wurde, bis zu Rheinland-Pfalz, das seit Oktober 1996 für neu eingestellte Beamtinnen und Beamte versicherungsmathematisch ausreichende Rücklagen bildet (monatliche Zuführung je nach Laufbahngruppe von 27,7 bis 38,8 % der jeweiligen Besoldungsausgaben an den Finanzierungsfonds für die Beamtenversorgung).

Tab. 3: Zinsausgaben und Versorgungsausgaben je Einwohner der Länder und Gemeinden im Jahr 2012 (Kern- und Extrahaushalte)

Länder	**Zinsausgaben** (je Einw. in €)	**Versorgungsausgaben** (je Einw. in €)	**zusammen**
Bremen	958	628	1.586
Saarland	593	525	1.118
Hamburg	515	599	1.114
Berlin	626	469	1.095
NRW	427	413	840
Hessen	325	435	770
Schleswig Holstein	327	417	744
Rheinland-Pfalz	336	390	726
Bundesdurchschnitt	**320**	**399**	**719**
Baden-Württemberg	254	439	693
Niedersachsen	295	395	690
Sachsen Anhalt	365	274	639
Mecklenburg-Vorpommern	274	262	636
Thüringen	330	254	584
Brandenburg	291	257	548
Bayern	126	407	533
Sachsen	110	242	352

Quelle: Zentrale Datenstelle der Landesfinanzminister; eigene Berechnungen (Reinhard Timmer)

[8] Einschließlich der Leistungen nach dem Anwartschaftsüberleitungs-Gesetz. Dabei ist zu berücksichtigen, dass die ostdeutschen Länder erst seit der Wiedervereinigung Beamte eingestellt haben. Generell gibt es in den ostdeutschen Ländern weniger Beamte und mehr Angestellte. Dies schlägt sich in den unterschiedlichen Pensionslasten nieder.

Aus den vorliegenden, in Tabelle 1, 2 und 3 zusammengefassten Daten lassen sich vier Ländergruppen identifizieren, die sich hinsichtlich ihrer finanziellen Leistungsfähigkeit unterscheiden:

1. Länder mit relativ niedriger originärer Finanzkraft und überdurchschnittlichen Belastungen aufgrund von Zins- und Versorgungsausgaben: Bremen, Saarland, Berlin, Schleswig-Holstein, Sachsen-Anhalt
2. Länder mit relativ niedriger originärer Finanzkraft und unterdurchschnittlichen Belastungen aufgrund von Zins- und Versorgungsausgaben: Sachsen, Mecklenburg-Vorpommern, Brandenburg, Thüringen, Niedersachsen, Rheinland-Pfalz[9]
3. Länder mit relativ hoher originärer Finanzkraft und überdurchschnittlichen Belastungen aufgrund von Zins- und Versorgungsausgaben: Hamburg, Hessen, Nordrhein-Westfalen
4. Länder mit relativ hoher originärer Finanzkraft und relativ unterdurchschnittlichen Belastungen aufgrund von Zins- und Versorgungsausgaben: Bayern, Baden-Württemberg

Kandidaten für eine Neugliederung sind unter dem Gesichtspunkt der finanziellen Leistungsfähigkeit in erster Linie die Länder der Fallgruppe (1). Diese Länder erhalten wegen ihres besonders hohen Schuldenstands von 2011 bis 2019 eine besondere finanzielle Unterstützung in Gestalt der Konsolidierungshilfen. Für vier dieser Länder hat der Stabilitätsrat seit 2010 in jedem Jahr eine drohende Haushaltnotlage festgestellt und Sanierungsmaßnahmen beschlossen. Es ist bisher nicht absehbar, ob diese Länder ab 2020 ohne Neuverschuldung auskommen können.

Auch die Länder der Fallgruppe (2) sind – mit Ausnahme von Sachsen – finanziell nicht ausreichend leistungsfähig. Sachsen kann seine weit unterdurchschnittliche originäre Finanzkraft durch eine außerordentlich geringe Schuldenlast zu einem erheblichen Teil kompensieren und hat bei konsequenter Fortführung seiner bisherigen Finanz- und Haushaltspolitik die mit Abstand besten Chancen, sich nach bayerischem Vorbild mithilfe des Finanzausgleichs zu einem finanziell leistungsfähigen Land zu entwickeln. Die übrigen Länder können ihre geringe Finanzkraft trotz ihrer mehr oder weniger unterdurchschnittlichen Belastung mit Zins- und Versorgungsausgaben nicht kompensieren. Niedersachsen hat seine finanzielle Leistungsfähigkeit trotz jahrzehntelangen Finanzausgleichs nicht spürbar verbessern können.

Die Länder der Fallgruppe (4) sind uneingeschränkt finanziell leistungsfähig. Die Länder der Fallgruppe (3) können ihre relativ hohen Zins- und Versorgungslasten dank ihrer Steuerkraft bewältigen und sind daher auch als finanziell ausreichend leistungsfähig anzusehen.

4 Verfahren der Neugliederung: Die Schwierigkeiten einer Gebietsreform

Die bestehende territoriale Gliederung des Bundesgebiets erschwert es, eine hinreichende Leistungsfähigkeit für alle Länder zu gewährleisten. Sie fördert Fehlentwicklungen im deutschen Bundesstaat. Auch wenn die bestehenden Länder historisch gewachsen sind und die Vielfalt des Bundesstaats zum Ausdruck bringen, ist das Thema der Neugliederung daher zweifellos relevant und sollte auf die Tagesordnung einer Reform

[9] Für Rheinland-Pfalz wird berücksichtigt, dass das Land seit Oktober 1996 ausreichende Rücklagen bildet.

des Bundesstaates. Die Frage, wie das Bundesgebiet neu zu gliedern ist, ist damit noch nicht beantwortet. Insoweit verfügt die Politik über einen Ermessensspielraum. Die Wahl der Größe einzelner Länder und ihres Gebietszuschnitts erfordert eine Abwägung unterschiedlicher Ziele, die in Artikel 29 GG im Einzelnen genannt sind und die auf die normativen Grundlagen eines funktionsfähigen Bundesstaats verweisen. Der Gesichtspunkt der Leistungsfähigkeit hat nach dem Grundgesetz Vorrang, aber Geschichte, Kultur und Identität sind zu beachten. Im Hinblick auf eine Neugliederung kann auf verschiedene Modelle zurückgegriffen werden, wobei die Vorschläge der Ernst-Kommission für Westdeutschland nach wie vor als gut begründet betrachtet werden können. Für Ostdeutschland liegt eine Fusion von Berlin und Brandenburg auf der Hand.

Die Richtung der Reform, die sich aus vorliegenden Vorschlägen ergibt, ist eindeutig: Es geht um die Schaffung größerer Länder. Tatsächlich verspricht nur eine solche Reform, die Defizite in der politischen, administrativen und finanziellen Leistungsfähigkeit einzelner Länder dauerhaft zu beseitigen. Reformen, durch die einzelne Länder aufgelöst und mit anderen vereinigt werden, trafen in der Vergangenheit auf erhebliche Widerstände der betroffenen Amtsträger und Bürgerschaften, und damit muss auch künftig gerechnet werden. Diese Widerstände zu überwinden erfordert geeignete Verfahren, die die Legitimität einer solchen Reform sichern.

Die politischen Schwierigkeiten einer Neugliederung lassen sich allein dadurch ermessen, dass bis auf die Gründung von Baden-Württemberg, die unter besonderen Umständen zustande kam, in Deutschland keine Zusammenlegung von Ländern gelungen ist. Zuletzt zeigte das Scheitern der Fusion von Berlin und Brandenburg, welche Widerstände in der Bevölkerung zu überwinden sind (vgl. Brenk 2008; Lutz 1996; Noack 2010). Auch im internationalen Vergleich finden sich in demokratischen Bundesstaaten, trotz vielfach geringerer Verfassungshürden als in Deutschland (vgl. Leonardy 2013: 429 ff.), keine Fälle einer entsprechenden Neugliederung der regionalen Ebene, und Versuche einer Zusammenlegung von Kantonen bzw. Regionen etwa im schweizerischen Großraum Basel scheiterten.

Nicht zuletzt vor dem Hintergrund der Erfahrung in Berlin und Brandenburg gilt der erforderliche Volksentscheid nach Art. 29 Abs. 2 und 3 GG als unüberwindbare Hürde einer Länderneugliederung. Ob die nach der deutschen Wiedervereinigung neu entstandene Landesidentität in Brandenburg erklärt, dass eine Mehrheit der Abstimmenden gegen die Länderfusion votierte, kann dahingestellt bleiben. Gerade wenn Länder mit unterschiedlichen Ausgangspositionen, z. B. hinsichtlich der Verschuldung, zusammengelegt werden, ist jedenfalls ein solches Ergebnis in einem Volksentscheid wahrscheinlich.

Gleichwohl sollte die unmittelbare Beteiligung der Bevölkerung nicht beschränkt werden. Im Unterschied zur kommunalen Gebietsreform ist für die Veränderung von Ländergrenzen ein direktdemokratisches Verfahren nicht nur nach geltendem Verfassungsrecht erforderlich, sondern auch aufgrund staats- und demokratietheoretischer Erwägungen notwendig (vgl. Benz 2012: 27 ff.). Da Länder Staatscharakter besitzen, sie also eine Herrschafts- und Rechtsordnung konstituieren, müssen Bürgerinnen und Bürger die Möglichkeit haben, über Gebietsänderungen unmittelbar mitzubestimmen. Eine gegen den Willen einer Mehrheit der betroffenen Bürgerschaft durchgesetzte Änderung der Landeszugehörigkeit widerspricht anerkannten demokratischen Grundsätzen, weshalb ein einfaches Bundesgesetz diese nicht ausreichend legitimieren könnte. Allenfalls ließe sich eine mittelbare Mitwirkung der betroffenen Bevölkerung durch ihre Landesparlamente in Betracht ziehen. Eine Abschaffung oder Abschwächung der unmittelbaren Bürgerbeteiligung durch Änderung von Art. 29 verbietet sich jedoch schon aus Gründen der politischen Klugheit. Vielmehr bedarf es eines Verfahrens, in dem Interessen der gesamten Bevölkerung an einem funktionsfähigen Bundesstaat mit den Interessen der betroffenen Bevölkerung an einer bestimmten Landeszugehörigkeit ausgeglichen werden können.

Ob Länderneugliederungen gelingen, hängt nicht davon ab, ob sie durch Volksentscheid oder durch Landesparlamente beschlossen werden. Entscheidend sind vielmehr die Verfahren, die zu diesen Entscheidungsakten führen und die mehr oder weniger geeignet sein können, am Ende eine legitime Entscheidung herbeizuführen. Ob und wie die Bürgerinnen und Bürger abstimmen, hängt unter anderem vom Verfahren der öffentlichen Willensbildung und von den Rahmenbedingungen ab, unter denen die Referenden stattfinden.

Für die Willensbildung sind weniger Expertenkommissionen relevant als vielmehr die Konsensfindung unter Parteien und Interessengruppen. Angesichts der Konfliktintensität der Neugliederungsproblematik ist eine möglichst breite Beteiligung der „Zivilgesellschaft" bei der Vorbereitung eines Reformvorschlags anzustreben. Dies setzt voraus, dass in einem ersten Schritt darüber zu entscheiden ist, ob eine Neugliederung angestrebt werden soll. Diese Initiativ-Entscheidung sollte der Bundesgesetzgeber treffen.

Die Rahmenbedingungen, unter denen die Abstimmungsberechtigten ihre Entscheidung treffen, können in zweierlei Weise beeinflusst werden:

- Zum einen können Abstimmungsverfahren sequentiell ausgestaltet werden. Wenn die von einer Neugliederung unmittelbar betroffene Bevölkerung ihr Votum in dem Wissen triff, dass die Mehrheit in den Ländern, auf die sich eine Territorialreform erstreckt, oder auch die Mehrheit im Bundesgebiet einer Länderneugliederung zugestimmt hat, könnte die Bereitschaft zur Akzeptanz auch unter diesen Bürgerinnen und Bürgern zunehmen. Die vom Grundgesetz geforderte „doppelte Mehrheit" müsste also in einem sequentiellen Verfahren leichter zu erreichen sein, in dem die Gewichte zwischen gesamtstaatlichen und regionalen Interessen angemessen berücksichtigt werden (vgl. Leonardy 2001; Leonardy 2013: 436 ff.).
- Zum anderen verändern sich die Bedingungen, unter denen die Betroffenen entscheiden, wenn Länder oder Landesteile durch eine enge Kooperation schon „zusammengewachsen" sind. Geeignete Kooperationsformen können also als Vorstufe einer Neugliederung gelten. Letzteres setzt allerdings voraus, dass sie im Hinblick auf eine künftige Territorialreform hin organisiert sind und innerhalb eines einheitlichen Raums praktiziert und institutionalisiert werden.

Welches Verfahren geeignet ist, hängt von der Reichweite der Reform und dem Zeithorizont ab, in dem eine Neugliederung verwirklicht werden soll. Für eine Zusammenlegung eines Stadtstaats und eines benachbarten Flächenlandes käme das Verfahren nach Art. 29 Abs. 8 GG infrage, welches unter günstigen Bedingungen in relativ kurzer Zeit durchführbar ist. Auch hierfür bedarf es jedoch einer intensiven Beratung mit Vertretern der Zivilgesellschaft. Eine bundesweite Neugliederung, die die bestehenden Landesstrukturen erheblich ändert, wird kurzfristig nicht zu realisieren sein. Sie muss in eine auf längere Sicht angelegte Bundesstaatsreform eingebettet werden, welche vermutlich nur in einer schrittweisen Umsetzung und ergänzenden Anpassungen von Finanzausgleichsregeln realisierbar ist.

5 Ländergliederung und bundesstaatlicher Finanzausgleich

Der bundesstaatliche Finanzausgleich verwirklicht das Prinzip des sozialen Bundesstaats, indem er die Voraussetzungen für gleichwertige öffentliche Leistungen in allen Teilen des Bundesgebiets schafft. Dadurch verbessert er die finanzielle Leistungsfähigkeit von Ländern mit unzureichender originärer Finanzkraft. Er kann den Bedarf für eine Neugliederung reduzieren, sofern die mangelnde finanzielle Leistungsfähigkeit einzelner Länder auf deren räumlichen Zuschnitt beruht. In einem technischen Sinne können Finanzausgleichsregeln den Bedarf für eine Neugliederung vollständig substituieren. Zu fragen ist erstens, inwieweit der Finanzausgleich diese Funktion erfüllt und welche Nachteile hiermit im Hinblick auf die Prinzipien des Föderalismus verbunden sind (a). Im Weiteren ist zu prüfen, inwieweit eine Neugliederung die Nachteile eines sehr weitgehenden Finanzausgleichs beseitigen oder vermindern kann (b).

a) Der bestehende bundesstaatliche Finanzausgleich trägt dazu bei, die Unterschiede in der originären Finanzkraft deutlich zu reduzieren.[10] Das im internationalen Vergleich mit anderen Bundesstaaten erhebliche Ausgleichsniveau wird oft als „Übernivellierung" kritisiert, es zielt aber darauf, den Ländern gleiche finanzielle Ausgangsbedingungen bei der Erfüllung ihre Aufgaben zu schaffen. Dieses Ziel konnte nur durch eine Ausweitung des verteilten Finanzvolumens erreicht werden.

Das Gesamtvolumen des Finanzausgleichs einschl. BEZ erreichte 2011 rd. 27 Mrd. € und ist gegenüber 1972 nicht nur absolut, sondern auch im Verhältnis zu den Steuereinnahmen der Länder und Gemeinden ganz erheblich von 4,5 % auf rd. 9 % gestiegen. Die finanzielle Abhängigkeit der finanzschwachen Länder von diesen Leistungen hat sich somit verdoppelt. Die Umverteilung im Länderfinanzausgleich wird intensiv diskutiert. Simulationsrechnungen zeigen, dass von einem steigenden Aufkommen der Lohn-, Einkommen- und Körperschaftsteuer infolge des Finanzausgleichs nur ein kleiner Teil im Lande verbleibt. Von 1.000 € Mehreinnahmen aus der Lohn- und Einkommensteuer verblieben im Jahr 2005 z. B. im Saarland nur 69 € im Lande und in Nordrhein-Westfalen nur 348 € (jeweils Landes- und Gemeindehaushalte) (vgl. Brügelmann/Tröger 2007).

Unabhängig davon, ob der Länderfinanzausgleich damit falsche Anreize für die Landespolitik setzt oder nicht (vgl. Stahl 2005: 206 ff.), er kann die Fehlentwicklungen hinsichtlich der finanziellen Leistungsfähigkeit einzelner Länder wie sie oben dargestellt wurden (Abschn. 3.3) nur begrenzt beseitigen. Obwohl bereits über die ersten beiden Stufen des Finanzausgleichs (Umsatzsteuerverteilung, Länderfinanzausgleich im engeren Sinne) eine erhebliche Nivellierung in der Finanzkraft erreicht wird, sind weitere Maßnahmen notwendig, um die finanzielle Leistungsfähigkeit der Mehrzahl der Länder zu verbessern. Finanzschwachen Ländern (dazu zählen außer Baden-Württemberg, Bayern, Hamburg, Hessen, Nordrhein-Westfalen alle Länder) werden allgemeine Bundesergänzungszuweisungen zur Deckung des allgemeinen Finanzbedarfs gewährt. Darüber hinaus werden noch Sonderbedarfe einzelner Länder durch weitere, teilweise degressiv gestaltete und auslaufende Bundesergänzungszuweisungen berücksichtigt, die zum Teil explizit mit dem territorialen Zuschnitt einzelner Länder begründet werden (Kosten der politischen Führung in kleinen Ländern) (vgl. Lenk 2014: 9 ff.). Es steht, nicht zuletzt angesichts der Verschuldung der Länder, zu befürchten, dass bei einer Beibehaltung der vorhandenen territorialen Struktur des Bundesgebietes die bedarfsbezogenen Bundeser-

[10] Außerhalb dieses Finanzausgleichssystems gehen weitere Ausgleichseffekte von der Mitfinanzierung von Länderaufgaben durch den Bund (Gemeinschaftsaufgaben und Bundesfinanzhilfen) aus, die häufig überproportional den finanzschwachen Ländern zugutekommen.

gänzungszuweisungen weiter ausgedehnt werden müssen, um die finanzielle Leistungsfähigkeit aller Länder sicherzustellen. Eine Vergemeinschaftung der Finanzlasten aus der impliziten und expliziten Verschuldung oder die Berücksichtigung anderer Ausgabenbedarfe einzelner Länder sind jedoch politisch und verfassungsrechtlich höchst umstritten. Der Bund und finanzstarke Länder würden entsprechende Transferleistungen vermutlich nicht akzeptieren, ohne dass finanzschwache Länder sich zu Sparmaßnahmen verpflichten müssten. Dadurch würden diese Länder in eine noch stärkere Abhängigkeit geraten. Das Bundesverfassungsgericht hat in seiner Rechtsprechung einer solchen Intensivierung des Finanzausgleichs Grenzen gesetzt, die Eigenverantwortung der Länder betont und auf die Möglichkeit einer Neugliederung hingewiesen (vgl. BVerfG Urteil vom 27.05.1992, - 2 BvF 1, 2/88, 1/89 und 1/90).

In diesem Zusammenhang ist auf einen besonderen Aspekt hinzuweisen. Die Stadtstaaten werden im Finanzausgleich durch eine besondere Einwohnerwertung begünstigt, die abstrakte Mehrbedarfe ausgleichen soll. Deren Höhe wird auch damit begründet, dass sie zentralörtlichen Leistungen der Städte Berlin, Hamburg und Bremen für ihr Umland, das in den Nachbarländern liegt, kompensieren. Süddeutsche Länder kritisieren, dass dieser regionale Ausgleich in anderen Ländern über den kommunalen Finanzausgleich erfolgt und allein von den jeweiligen Ländern finanziert wird, während er in den Stadtstaaten in einen bundesweiten Ausgleich integriert ist. Andererseits befürchten die Stadtstaaten, dass sie im Fall einer Neugliederung ihre Sonderstellung im Finanzausgleich verlieren, obgleich diese Konsequenz nicht zwingend ist. In den bestehenden Gebietsstrukturen ist es jedenfalls bislang nicht gelungen, zwischen Stadtstaaten und ihren Nachbarländern einen die Ländergrenzen übergreifenden kommunalen Finanzausgleich zu organisieren.

Die politischen Konflikte um den Finanzausgleich machen ihn zu einer unsicheren Basis der Länderfinanzen. Finanzschwache Länder sind auf die Zustimmung der finanzstarken Ländern und des Bundes zum Finanzausgleichsgesetz angewiesen, die künftig wahrscheinlich konkrete Erwartungen an die Finanzpolitik dieser Länder richten werden. Eine Ausweitung der Transfers ohne Zweckbindung der Leistungen ist nicht zu erwarten, vielmehr zielt die Diskussion in Bund und Ländern darauf, die distributiven Wirkungen des Finanzausgleichs zu reduzieren. Umso dringlicher stellt sich die Frage, ob durch eine Neugliederung Fehlentwicklungen im Finanzausgleich verringert werden können. Letztlich geht es darum, ob und inwieweit eine Neugliederung und eine Reform des Finanzausgleichs sich ergänzende Optionen für eine Verbesserung des Föderalismus darstellen können.

b) Unter den heutigen Bedingungen können eine Reduktion des Ausgleichsvolumens und eine Entlastung des Finanzausgleichs nur erreicht werden, wenn finanzschwache und finanzstarke Gebiete zusammengelegt werden. Wie Untersuchungen gezeigt haben und wie aus der oben dargelegten Einteilung der Länder deutlich wird, gelingt ein substantieller Abbau der Finanzkraftunterschiede nur bei einer Gebietsreform, die die Zahl der Länder erheblich, nämlich auf sechs bis neun Länder, reduziert und wenn ost- und westdeutsche Länder (Bayern und Sachsen, Hessen und Thüringen, Hamburg, Schleswig-Holstein und Mecklenburg-Vorpommern) fusionieren (vgl. Lenk 1993: 321 ff.). Dabei sind konsequent finanzschwache Kreise aus finanzschwachen Ländern und finanzstarke Kreise aus finanzstarken Ländern zusammenzulegen (vgl. Mathes 2007: 385). Neugliederungsvarianten, die eine größere Zahl der Länder beibehalten, verringern den Bedarf an Finanzausgleichsleistungen deutlich weniger, und lassen Länder bestehen, deren finanzielle Leistungsfähigkeit nach wie vor stark eingeschränkt ist. Eine Reduktion des Ausgleichsvolumens ließe sich also nur mit sehr weitreichenden Veränderungen im Zuschnitt der Länder erreichen.

Neben diesem direkten Zusammenhang zwischen Finanzausgleich und Gebietsstrukturen, dem eine statische Betrachtungsweise zugrunde liegt, müssen jedoch vor allem die indirekten bzw. dynamischen Wirkungen berücksichtigt werden, die in der längerfristigen Perspektive entscheidend sind. Positive dynamische Effekte können vor allem dann erschlossen werden, wenn einer Neugliederung eine raumwirtschaftliche Perspektive zugrunde liegt. Ländergrenzen, die stark verflochtene Wirtschafts- und Siedlungsstrukturen zerschneiden, sollten vermieden werden. Eine Ländergliederung, die sich z. B. an Metropolregionen orientiert, würde dazu führen, dass sich die Hoheitsgebiete der Länder weitgehend mit ihren Aufgabenräumen decken. Damit könnten öffentliche Aufgaben effizienter erfüllt werden. Sofern größere Länder geschaffen werden, könnten zudem leichter räumliche Schwerpunkte gebildet werden, die sich positiv auf die Landesentwicklung auswirken. Ferner wäre zu erwarten, dass die landesspezifischen Steueraufkommen eher den Aufgaben entsprechen würden. Schließlich sind auch die Einspareffekte zu berücksichtigen, die bei der politischen Führung inklusive der obersten Landesbehörden sowie der obersten Gerichte entstünden, wenn größere Länder geschaffen würden.[11] Gelänge es, Ländergrenzen so zu ziehen wie beschrieben, dann könnten die neuen Gebietskörperschaften einen positiveren wirtschaftlichen Entwicklungspfad einschlagen. Damit steigen die Chancen, das Volumen des Finanzausgleichs langfristig zu senken, ohne dass das Ausgleichsniveau abgesenkt wird. Diese Effekte werden umso stärker sein, je weitreichender die Gebietsreform ausfällt.

Je nach Reichweite der Gebietsreform ergeben sich durch eine Länderneugliederung somit statische und dynamische Effekte, die sich auch auf das Finanzausgleichsniveau auswirken. Allerdings ist nicht zu erwarten, dass das gegenwärtige Finanzausgleichsvolumen durch eine Neugliederung kurzfristig nennenswert reduziert werden könnte. Entscheidend ist aber in diesem Zusammenhang die Aussicht, dass durch eine Neugliederung Länder entstehen, die sich wirtschaftlich besser als ihre Vorgänger entwickeln und damit auch ihre originäre Steuerkraft erhöhen können. Zudem könnten durch die Schaffung größerer Länder Zahlungen wegfallen, die bislang explizit mit der Kleinheit einiger Länder begründet werden wie die Sonder-Bedarfszuweisungen wegen überdurchschnittlich hoher Kosten der politischen Führung.

6 Kooperation zwischen Ländern statt Länderneugliederung?

Es gibt, angesichts der Defizite in der politischen und finanziellen Leistungsfähigkeit und angesichts der offenen Fragen hinsichtlich der administrativen Leistungsfähigkeit einzelner Länder, gute Argumente für eine Neugliederung des Bundesgebiets. Die Europäisierung, die deutsche Einheit, die finanzpolitischen Herausforderungen, denen sich Länder und Gemeinden gegenübersehen sowie der gesellschaftliche Wandel haben den Reformdruck zweifellos verstärkt. Aber in den vergangenen Jahrzehnten haben sich die Akteure in Politik, Verwaltung, Wirtschaft und Gesellschaft auf die bestehenden Gebiets-

[11] Dieser Effekt sollte nicht überschätzt werden. Nach einer Berechnung für den Fall einer Fusion von Hamburg und Schleswig-Holstein für das Jahr 2004 könnte es zu einem Einspareffekt von etwa 0,5 % der gesamten bereinigten Ausgaben der beiden Länder kommen (vgl. Lammers 2006: 11). Insoweit kleine oder finanzschwache Länder aber die Ausgaben für die politische Führung sowie die obersten Landesbehörden und die obersten Gerichte bereits auf ein Niveau zurückgefahren haben, das eine adäquate Aufgabenerfüllung nicht mehr zulässt, wäre der positive Effekt größerer Länder auch nicht in der Einsparung, sondern in der besseren Aufgabenwahrnehmung zu sehen.

strukturen und den damit verbundenen Bestand an Institutionen eingestellt. Diese gewachsenen Strukturen haben deshalb ihren eigenen Wert, auf den Art. 29 Abs. 1 GG mit der Erwähnung der „landsmannschaftlichen Verbundenheit" verweist. Gebietsreformen sind für alle Akteure in Politik, Verwaltung, Wirtschaft und Verbänden, nicht zuletzt aber auch für die betroffene Bevölkerung mit einschneidenden Folgen verbunden, zumal wenn damit das Ziel verfolgt wird, die Disparitäten in der finanziellen Leistungsfähigkeit der Länder durch eine weitreichende Neugliederung zu verringern. Deswegen ist zu prüfen, ob die Leistungsfähigkeit der Länder und damit des Föderalismus nicht auch auf anderen Wegen gestärkt werden kann.

Denkbar sind drei Alternativen zu einer Neugliederung: Zum einen können Aufgaben, die Länder nicht erfüllen können, auf den Bund übertragen werden. Dies kann entweder für die Gesamtheit der Länder oder für einzelne Länder geschehen, wobei mit der zweiten Variante ein asymmetrischer Föderalismus entstehen würde. Zentralisierung und Asymmetrie sind allerdings mit den oben definierten normativen Grundsätzen, denen die bundesstaatliche Ordnung entsprechen sollte, nicht vereinbar. Gleiches gilt, wie bereits dargestellt, für die zweite Alternative, bei der der Bund durch Finanzzuweisungen Länder unterstützt, die allein bestimmte Aufgaben nicht erfüllen können. Hierbei sind die Nachteile einer finanziellen Abhängigkeit zu berücksichtigen. Zentralisierung und extensive Finanzzuweisungen unterhöhlen jedenfalls den Föderalismus und berauben ihn letztlich seiner Substanz. Eine dritte, mit den Prinzipien des Föderalismus eher vereinbare Alternative bietet die verbesserte und erweiterte Kooperation zwischen Ländern.

Die Länder der Bundesrepublik arbeiten bereits in vielfältigen Formen zusammen. Als Alternative zu einer Neugliederung ist die Zusammenarbeit benachbarter Länder zu diskutieren. Vielfach müssen die zuständigen Organe oder Verwaltungen der Länder und Gemeinden zusammenarbeiten, um lokale Entscheidungen über Ländergrenzen hinweg zu koordinieren. Hier jedoch geht es um die Frage, ob die durch spezifische Gebietsstrukturen verursachten Defizite der Leistungsfähigkeit der Länder durch eine gemeinsame Erfüllung von Landesaufgaben vermindert werden können. Es geht also um Probleme, die durch Kleinheit bzw. durch geringe Finanzkraft von Ländern oder durch die Sondersituation von Stadtstaaten bzw. von durch Landesgrenzen zerschnittenen Stadtregionen verursacht sind.

Grenzen überschreitende Zusammenarbeit praktizieren die Länder erfolgreich im Bereich der Raumordnung und Regionalplanung. Darüber hinaus gibt es zahlreiche Beispiele für die gemeinsame Trägerschaft von Einrichtungen (vgl. Benz 1993; Erbguth/Gebert 2011; Pietzcker 1988). Diese lassen sich drei Typen von Kooperationsaufgaben zuordnen:

1. *Kooperation mit dem Ziel, Ressourcen zu kombinieren:* Hierzu zählen gemeinsame Einrichtungen, die ein Land alleine nicht realisieren kann, wie etwa Forschungseinrichtungen, Hochwasserschutz, Energieversorgung, gemeinsame Vertretung von Interessen gegenüber Bund oder EU, durch die das politische Gewicht der Länder erhöht wird, oder eine gemeinsame Standortwerbung im Ausland. Durch Zusammenlegung von Einrichtungen können Einsparungen erzielt werden, was die finanzielle Leistungsfähigkeit der betreffenden Länder erhöht. Ferner kann die Verwaltung effizienter arbeiten. Somit begünstigen die überwiegenden gemeinsamen Vorteile eine Kooperation. Gleichwohl können Konflikte die Zusammenarbeit behindern, etwa wenn Kosten bei Bau und Betrieb gemeinsamer Einrichtungen zu verteilen sind oder wenn die gemeinsam zu vertretenden Interessen nicht gleichgerichtet sind. Die Auf-

teilung der Kosten wird regelmäßig nach dem Äquivalenzprinzip, also entsprechend den anfallenden Nutzen geregelt (vgl. Zintl 1992: 97-146); darüber hinausgehende Interessendivergenzen sind hingegen schwerer zu überwinden.

2. *Kooperation zur Korrektur externe Effekte* von Aufgaben, die ein Land alleine verwirklichen kann. Hierbei ist zwischen positiven und negativen Externalitäten zu unterscheiden.

Erstere entstehen bei öffentlichen Einrichtungen, deren Nutzen auch im Nachbarland anfallen (Hochschulen, spezielle Schulen, Spezialkrankenhäuser, Kultureinrichtungen). Diese Einrichtungen werden innerhalb eines Landes zu gering dimensioniert oder gar nicht realisiert, wenn die grenzüberschreitenden Auswirkungen nicht berücksichtigt werden. Da die Nutzer jenseits der Grenzen des zuständigen Landes vom Betrieb dieser Einrichtungen profitieren, kommt eine sachgerechte Aufgabenerfüllung nur zustande, wenn sich das Nachbarland angemessen finanziell beteiligt.

Negative externer Effekte entstehen etwa bei Gewerbeansiedlungen, beim Ausbau der Verkehrs- und Energieinfrastruktur oder beim Hochwasserschutz, wenn für benachbarte Länder Nachteile verursacht werden. Ohne eine Koordination zwischen den betreffenden Ländern werden entsprechende Einrichtungen zu groß dimensioniert, oder es wird nicht nach Alternativen gesucht, die für die betroffenen Länder zusammengenommen vorteilhaft wären.

Externe Effekte sind dadurch gekennzeichnet, dass Nutzen und Lasten zwischen den Ländern asymmetrisch verteilt sind. Die daraus resultierenden Konflikte sind nur durch Koppelgeschäfte, also die Kombination von Aufgaben mit gegenläufigen Verteilungswirkungen, oder durch Ausgleichszahlungen zu lösen (vgl. Scharpf 1992; Lenk 1993). Diese sind nur unter bestimmten institutionellen Voraussetzungen zu verwirklichen.

3. *Reine Verteilungsaufgaben*, also z.B. ein regionaler Finanzausgleich zwischen benachbarten Ländern oder eine gemeinsame Finanzpolitik, werden kaum durch Kooperation erfüllbar sein. Allerdings sind reine Verteilungsaufgaben selten, solange der Finanzausgleich und wesentliche Bereiche der Steuerpolitik im deutschen Bundesstaat durch Bundesgesetze geregelt sind. Würde man allerdings die Bewältigung von Finanzkraftunterschieden oder den Ausgleich unterschiedlicher finanzieller Leistungsfähigkeit der Länder regionalisieren oder den Ländern mehr Spielräume zur Steuererhebung übertragen (etwa Zuschlagsrecht auf die Einkommensteuer), dann könnte die Länderzusammenarbeit durch erhebliche Verteilungskonflikte belastet werden.

Damit Länderkooperation gelingt, müssen geeignete institutionelle Rahmenbedingungen gegeben sein. Zwar gibt es auch Fälle, in denen Länder ohne besondere Voraussetzungen Vereinbarungen über einzelnen Aufgaben treffen. Stabile und effektive Zusammenarbeit zwischen Ländern muss aber aus drei Gründen institutionalisiert werden: Erstens kann über dauerhafte Kooperation Vertrauen zwischen den Beteiligten aufgebaut werden, sodass diese kooperative Handlungsorientierungen entwickeln. Zweitens ermöglichen geeignete Institutionen Koppelgeschäfte, die über einzelne Aufgabenbereiche hinausreichen. Drittens sichern Institutionen den Vollzug von Vereinbarungen, was wiederum die beteiligten Landesvertreter „verpflichtungsfähig" macht (vgl. Scharpf/Benz 1991).

Institutionen der Kooperation können mehr oder weniger differenziert sein. Ihre Ausgestaltung muss den betreffenden Aufgaben angepasst werden. Dementsprechend sind verschiedene Organisationsformen zu kombinieren:

- Die *gemeinsame Raumplanung* stellt eine wichtige Grundlage von Länderkooperationen dar, weil sie unmittelbar mit grenzüberschreitenden Verflechtungen und damit dem Problem der externen Effekte befasst ist. Sie erleichtert es, Aufgaben mit einander entgegengesetzten Verteilungseffekten in Koppelgeschäften zu verbinden, zum einen wegen des Querschnittscharakters der Planung, zum anderen wegen ihrer längerfristigen Perspektive. Raumplanung kann zudem Koppelgeschäfte verbindlich machen.

- *Kooperationen zwischen Fachverwaltungen* funktionieren bei der Errichtung und beim Betrieb gemeinsamer Einrichtungen, wobei in der Regel vertragliche Vereinbarungen genügen. Partnerschaften mit privaten Unternehmen, Verbänden oder halbstaatlichen Organisationen (Kammern) können die Länderzusammenarbeit stabilisieren.

- *Regierungszusammenarbeit* dient dazu, Vereinbarungen über Koppelgeschäfte und Ausgleichszahlungen auszuhandeln und verbindlich zu beschließen. Dazu dienen regelmäßige Konferenzen der Regierungschefs oder der Chefs der Staatskanzleien. Regierungen können auch die politische Verantwortung für gemeinsame Entscheidungen gegenüber den Landesparlamenten übernehmen.

- Die Gesetzgebung scheidet für Kooperation aus, weil sich in ihr die Autonomie eines Landes verwirklicht. *Parlamente* müssen gleichwohl in die Länderzusammenarbeit eingebunden werden, da sie zum einen Regierungsvereinbarungen in Staatsverträge oder Landesgesetze umsetzen und zum anderen die kooperierenden Landesregierungen kontrollieren und zur Verantwortung ziehen müssen. Die Bindung an parlamentarische Mehrheiten, die Vorgabe von Mandaten oder Vetorechte der Parlamente können die Zusammenarbeit zwischen Ländern erschweren, wenn Parlamentarier nur die Interessen ihres Landes bzw. ihrer Wählerschaft im Blick haben. Ein Informations- und Meinungsaustausch zwischen Landesparlamenten kann diese Gefahr verringern, aber nicht beseitigen. Da es hierbei um Kommunikation und nicht um Kompetenzausübung geht, sind gemeinsame Parlamentsversammlungen für Parlamentarier unattraktiv und haben sich nicht bewährt. Als praktikable Variante der inter-parlamentarischen Beziehungen können gemeinsame Ausschusssitzungen zu fachlichen Themen gelten.

Formen der Regierungs- und Parlamentskooperation zwischen benachbarten Ländern sind in Deutschland noch wenig entwickelt. In der Praxis arbeiten primär Fachverwaltungen zusammen. Oft entwickelt sich Kooperation in variablen, funktional definierten Räumen, da gemeinsame Einrichtungen unterschiedliche Reichweiten haben und oft Partner aus verschiedenen Gebieten einbeziehen. Die so entstandenen Raumstrukturen können einer späteren Neugliederung entgegenstehen, zum einen weil sich solche funktionalen Kooperationen institutionell verfestigen können, zum anderen weil sie keine politisch-administrative oder gesellschaftliche Integration in einem neuen Territorium fördern, sondern diese eher verhindern. Dies unterstreicht die besondere Bedeutung der Raumplanung als Basis für eine Zusammenarbeit von Ländern, weil sie nicht nur gemeinsame Entscheidungen erleichtert, sondern auch einen einheitlichen Raumbezug herstellen kann.

Die Kooperation im Bundesstaat hat im vorliegenden Zusammenhang aber noch einen anderen Stellenwert. Nach Art. 91 d GG sollen Bund und Länder zusammenarbeiten, um durch Leistungsvergleiche die Aufgabenerfüllung in den Ländern transparent zu machen, die Vorzüge verschiedener politischer und administrativer Lösungen zu erkennen und von den anderen Ländern zu lernen. Das Instrument des Leistungsvergleichs wurde im Zuge der Föderalismusreform von 2009 im Grundgesetz verankert, um die Vorteile der dezentralen Entscheidungsfindung und des Leistungswettbewerbs im föderativen System zum Tragen zu bringen und Effektivitäts- und Effizienzvorteile zu erschließen.

Wichtige Anwendungsbereiche für Leistungsvergleiche sind die Gesetzgebung und der Vollzug von Landesrecht (etwa in der Schulpolitik), der Vollzug von Bundesrecht durch die Länder (z. B. Steuererhebung, betriebliche Steuerprüfung) oder der weite Bereich verwaltungsinterner Dienstleistungen (Personal-, Haushalts- und Rechnungswesen, Informationstechnologie, Beschaffungswesen, Organisation). Solche Vergleiche könnten, wie oben erwähnt, wichtige Informationen zur Beurteilung der administrativen Leistungsfähigkeit einzelner Länder liefern. Darüber hinaus könnten sie Effizienzreserven mobilisieren. Während der Finanzausgleich lediglich die Verteilung einer gegebenen Finanzmasse zum Gegenstand hat, könnten Leistungsvergleiche und ein dadurch induzierter Leistungswettbewerb die Handlungsspielräume der Länder insgesamt erweitern.

7 Schlussfolgerungen für die Föderalismuspolitik

Die hier dargelegte Analyse betont drei grundlegende Probleme des deutschen Bundesstaats, die durch die bestehende Ländergliederung verursacht sind: Erstens bestehen in Teilräumen, insbesondere in Stadtregionen, die durch Landesgrenzen zerschnitten sind, intensive Aufgabenverflechtungen aufgrund von räumlichen externen Effekten. Zweitens können kleine Länder wichtige Aufgaben der Landespolitik, etwa im Bereich von Wissenschaft und Forschung, nicht mehr allein erfüllen. Daraus resultieren klare Einschränkungen für das Ziel, die Länder generell zu stärken und Aufgaben zu dezentralisieren. Drittens sind einzelne Länder aufgrund ihrer finanziellen Leistungsfähigkeit nicht mehr in der Lage, öffentliche Leistungen, für die die Länder zuständig sind, in einer Weise zu erbringen, die dem Ziel der Gleichwertigkeit der Lebensverhältnisse entspricht. Deutlich wurde auch, dass die ersten beiden Probleme durch Länderkooperation nur unzureichend und auch nur unter bestimmten Bedingungen lösbar sind. Dem dritten Problem kann prinzipiell durch ausgeweitete Finanzausgleichszahlungen begegnet werden, was allerdings die Eigenständigkeit der Bundesländer grundsätzlich infrage stellt. Daher ist der Gesetzgeber aufgefordert, eine Neugliederung ernsthaft zu prüfen. Sie sollte auf die Tagesordnung der beschlossenen Bund-Länder-Regierungskommission gesetzt werden.[12]

Die Wahl zwischen den Reformoptionen der Neugliederung, der Verbesserung des Finanzausgleichs und der Kooperation zwischen Ländern stellt eine Ermessensentscheidung dar, deren Ergebnis von der Bewertung der Nutzen und Kosten der jeweiligen Lösungen abhängt. Dabei ist zu bedenken, dass historisch gewachsene Länder einen eigenen Wert haben und auf einer gewachsenen Legitimität beruhen, auf die das Grundgesetz hinweist. Zudem sind die politischen und finanziellen Kosten einer Reform in Relation mit den durch sie erreichbaren Vorteilen zu beachten. Deshalb sollte das Thema der Neugliederung des Bundesgebiets eingebettet werden in eine breiter und längerfristig angelegte Föderalismuspolitik.

[12] Die Neugliederung stellt seit 1976 zwar keine Verfassungspflicht mehr dar. Dem Bundesgesetzgeber steht demnach ein Ermessen darüber zu, ob eine Territorialreform erforderlich ist. Dabei sind die in Art. 29 I Satz 1 GG genannten Kriterien abzuwägen. Das Ermessen kann sich „auf Null" reduzieren, wenn die Leistungsfähigkeit einzelner Länder nicht mehr gegeben ist und sie nicht durch wirksame Alternativen, die von der Verfassung zugelassen sind, wieder hergestellt werden kann (vgl. Erbguth 2011: 433 ff.).

Alle drei Optionen zur Bewältigung der Folgen von mangelnder Leistungsfähigkeit einzelner Länder sind mit Problemen behaftet, wenn sie als Alternativen betrachtet und isoliert angewandt werden. Das Dilemma zwischen der Wünschbarkeit und der Durchsetzbarkeit einer Neugliederung konnte bisher nicht aufgelöst werden. Während schon die bisherigen Finanzausgleichsmaßnahmen zunehmend auf Widerstände treffen, besteht die Gefahr, dass ohne Neugliederung die finanziellen Transfers, die bislang schon die strukturellen Nachteile ausgleichen sollten, intensiviert oder neue Instrumente und Regelungen eingeführt werden müssen, wenn die finanzielle Leistungsfähigkeit dieser Länder sichergestellt werden soll. Die Kooperation zwischen Ländern entwickelt sich bisher in heterogenen Formen und erweist sich als höchst instabil.

Betrachtet man die genannten drei Optionen aber als „Stellschrauben" einer Föderalismuspolitik, so lassen sie sich in geeigneter Weise kombinieren, um die dargestellten Defizite des deutschen Bundesstaats zu verringern und den Prinzipien eines demokratischen und sozialen Bundesstaats gerecht zu werden. Dabei ist insbesondere zu beachten, dass zwischen Finanzausgleichsmaßnahmen und Neugliederung jedenfalls verfassungspolitisch ein Spannungsverhältnis existiert. Je mehr Mittel eingesetzt werden, um unzulängliche Leistungsfähigkeit von Ländern auszugleichen, umso weniger dringlich erscheint eine Neugliederung.

Hieraus ergeben sich folgende Grundsätze für eine Reform des Bundesstaats:

1. Eine umfassende Neugliederung nach einem auf Bundesebene erstellten Modell scheint kurzfristig nicht realisierbar. Sie ist aber schrittweise und langfristig zu erreichen, wenn der Bund gemeinsam mit den Ländern ein räumliches Leitbild festlegt, das eine den Zielen des Art. 29 Abs. 1 GG entsprechende Ländergliederung konzeptionell vorbereitet.[13] Darüber hinaus sollten Hindernisse für effizienzsteigernde Zusammenschlüsse einzelner Länder abgebaut werden. Veränderungen in den territorialen Strukturen sind nur erreichbar, wenn sie von der Bevölkerung in den entsprechenden Ländern oder Landesteilen unterstützt werden. Diese Unterstützung kann durch praktizierte Kooperation in den anzustrebenden Raumstrukturen gefördert werden.

2. Eine Schlüsselrolle kommt in diesem Kontext der anstehenden Reform des bundesstaatlichen Finanzausgleichs zu. Die neuen Regeln des Finanzausgleichs sind so zu gestalten, dass sie eine Neugliederung nicht verhindern, sondern diese als künftige Option zur Entwicklung des Bundesstaats berücksichtigen. Mehr noch: Die Reform des Finanzausgleiches sollte genutzt werden, um den Ländern explizit Anreize für eine Neugliederung zu geben. Dazu zählen:

   - Finanzielle Leistungen, die Bundesländer gegenwärtig deshalb erhalten, weil sie finanzschwach sind und deren Finanzschwäche teilweise durch ihrer Kleinheit verursacht ist (Bundesergänzungszuweisungen für politische Führung), sollten eingestellt oder zumindest degressiv auslaufend gestaltet werden.

[13] Ein Leitbild der bundesstaatlichen Gebietsstrukturen muss sich nicht auf die Landesebene beschränken. Vielmehr ist zu bedenken, dass eine Neugliederung der Länder, die die Landesgebiete vergrößert, Konsequenzen für die interne Gebietsstruktur der Länder hat. Durch eine Bund-Länder-Vereinbarung könnten zumindest Empfehlungen für die „regionale Ebene" innerhalb der Länder formuliert werden, deren Umsetzung in die Zuständigkeit der einzelnen Länder fällt. Dabei ist zu bedenken, dass diese Ebene für die grenzüberschreitende Kooperation eine besondere Bedeutung hat, die sie auch nach einer Neugliederung behalten wird. Ein derart differenziertes Modell der territorialen Gliederung könnte geeignet sein, die politischen Widerstände gegen eine Neugliederung des Bundesgebiets zu reduzieren.

- Eine weitere Differenzierung von Einwohnergewichtungen aufgrund „abstrakter Mehrbedarfe“ im Länderfinanzausgleich sollte nicht vorgenommen, die bestehende Differenzierung möglichst schrittweise reduziert werden. Bestehende Bedarfskomponenten sollten regelmäßig überprüft werden. Stadtstaaten und ihre Nachbarländer sollten angehalten werden, einen regionalen Lastenausgleich einzuführen.
- Ländern könnte eine teilweise Übernahme ihrer Schulden durch den Bund in Aussicht gestellt werden, wenn sie sich zusammenschließen.

Die genannten Maßnahmen bedeuten nicht, dass der Bund-Länder-Finanzausgleich generell infrage zu stellen ist. An einem Ausgleich der Finanzkraftunterschiede sollte in einem solidarischen Bundesstaat festgehalten werden, ohne dass es allerdings zu einer vollständigen Nivellierung kommt. Hierzu scheinen die bisher eingesetzten Instrumente auf der ersten und zweiten Stufe des Finanzausgleichs (Umsatzsteuerverteilung; Länderfinanzausgleich) grundsätzlich geeignet.

1. Eine Reform des Finanzausgleiches nach diesen Grundsätzen dürfte nicht nur Anreize für eine Neugliederung setzen, sie dürfte auch die Bereitschaft zu Kooperationen unter den Ländern erhöhen. Kooperationen müssen von den Ländern selbst initiiert werden. Sie können als Wegbereiter für eine Neugliederung angesehen werden. Dazu müssen sie räumlich so organisiert sein, dass sie nicht den Übergang zu neuen Länderabgrenzungen verhindern. Hilfreich für den Zuschnitt von Kooperationsräumen und schließlich auch territoriale Neugliederungen können räumliche Leitbilder sein, die die bestehenden und sich abzeichnenden siedlungs- und wirtschaftsräumlichen Strukturen aufzeigen.
2. Aus Art. 29 GG folgt als Ziel der Föderalismuspolitik, die Gebietsstrukturen, also die Grenzen der staatlichen Kompetenzbereiche, an Raumstrukturen anzupassen. Diese ergeben sich aus natürlichen Gegebenheiten, aus wirtschaftlichen Verflechtungen, aus sozialen Interaktionen und aus kulturellen Prägungen der Bevölkerung. Die Bewertung von Raumstrukturen sowie ihrer Wirkungen, die ihren Niederschlag in „Raumstrukturellen Leitbildern“ findet, ist Aufgabe der Raumordnungspolitik. Solche Leitbilder stellt die gesamtstaatliche Raumordnungspolitik bereit. Es ist geboten, diese bei der Fortentwicklung des Föderalismus zu berücksichtigen.[14]

[14] Vgl. BMVBS (Hrsg.) 2006; besonders geeignet in diesem Zusammenhang erscheint das Leitbild „Wachstum und Innovation“.

Literatur

Amtsrichterverband (Hrsg.): PEBB§Y.
http://www.amtsrichterverband.com/index.php?id=79 (13.01.2014).

Arthur Andersen Business Consulting (Hrsg.) (2002): Endgutachten – Erarbeitung eines Systems der Personalbedarfsberechnung für den mittleren und Kanzleidienst sowie für den einfachen Dienst in der ordentlichen Gerichtsbarkeit.
http://www.mj.niedersachsen.de/download/11973 (24.06.2014).

Benz, A. (1993): Neue Formen der Zusammenarbeit zwischen den Ländern. In: Die Öffentliche Verwaltung 46 (3), 85-95.

Benz, A. (2012): Gebietsstrukturen des Bundesstaats und Länderneugliederung als Demokratieprobleme. In: Europäisches Zentrum für Föderalismusforschung (Hrsg.): Jahrbuch des Föderalismus. Baden-Baden, 27-38.

Brenk, F. (2008): Der Reformbedarf des deutschen Föderalismus: Die Länderneugliederung als Reformoption – Am Beispiel der Fusion von Berlin und Brandenburg. Saarbrücken.

Brügelmann, R.; Tröger, M. (2007): Die deutsche Finanzverfassung. In: Institut der deutschen Wirtschaft (Hrsg.): Föderalismus in Deutschland: ökonomische Analyse und Reformbedarf. Köln.

Bundesministerium für Verkehr und digitale Infrastruktur – BMVBS (Hrsg.) (2006): Leitbilder und Handlungsstrategien für die Raumentwicklung in Deutschland: verabschiedet von der Ministerkonferenz für Raumordnung am 30.06.2006. Bonn.

Bundesministerium des Innern (Hrsg.) (1973): Vorschläge zur Neugliederung des Bundesgebiets gemäß Art. 29 des Grundgesetzes: Materialien zum Bericht der Sachverständigenkommission (1973). Sachverständigenkommission für die Neugliederung des Bundesgebiets. Bonn.

Chattopadhyay, R.; Nerenberg, K. (2010): Dialogues on Intergovernmental Relations in Federal Countries. Kingston Montreal: Mc Gill-Queen's University Press.

Detemple, P.; Michels, Y.; Schramm, T. (2013): PwC-Länderfinanzbenchmarking 2013.
http://www.pwc.de/de/offentliche-unternehmen/schuldenbremse-2020-wo-stehen-die-laender-auf-dem-konsolidierungspfad.jhtml (13.01.2014).

Deubel, I. (2014): Schuldenbremse und Finanzausgleich. In: ifo Schnelldienst 67 (1), 16.01.2014, 43-51.

Deutscher Richterbund (Hrsg.) (o. J.): Basiszahlen des neuen Pensensystems.
http://www.drb.de/cms/fileadmin/docs/basiszahlen_pensensystem_neu_0708.pdf (13.01.2014).

Erbguth, W. (2011): Die Neugliederung des Bundesgebiets: eine Standortbestimmung. In: Juristenzeitung (9), 433-438.

Erbguth, W.; Gebert, F. (2011): Zur Neugliederung des Bundesgebiets. Studie im Auftrag der Akademie für Raumforschung und Landesplanung. Hannover, Rostock. Unveröffentlicht.

Hildebrandt, A. (2008): Die finanzpolitische Handlungsfähigkeit der Bundesländer. Wiesbaden.

Klein, M. (o. J): Pebb§y, Personalzuweisung und richterliche Unabhängigkeit.
http://www.amtsrichterverband.com/fileadmin/amtsrichterverband/themen/pebb__s/Pebb%C2%A7y,%20Personalzuweisung%20und%20richterliche%20Unabh%C3%A4ngigkeit.pdf (24.06.2014).

Lammers, K. (1999): Neugliederung des Bundesgebiets zwischen Standortwettbewerb und Finanzverfassung. In: Wirtschaftsdienst 79 (7), 429-434.

Lammers, K. (2006): Kosten und Nutzen einer Fusion von Hamburg und Schleswig-Holstein. Hamburg. = HWWA Discussion Paper 349.

Lenk, T. (1993): Reformbedarf und Reformmöglichkeiten des deutschen Finanzausgleichs. Eine Simulationsstudie. Baden-Baden, 321-358.

Lenk, T. (2014): Anmerkungen zur Klage des Freistaats Bayern und des Landes Hessen gegen den Bund-Länder-Finanzausgleich. In: ifo-Schnelldienst 67, 16. Januar 2014, 9-16.

Leonardy, U. (2001): Die Neugliederung des Bundesgebiets: Auftrag des Grundgesetzes. In: Eckart, K.; Jenkins, H.: (Hrsg.): Der Föderalismus in Deutschland. Berlin, 9-35 (bes. 24 ff.).

Leonardy, U. (2013): Die Rolle des Ganzen und der Teile in bundesstaatlichen Verfassungsreformen: Ein Verfassungsvergleich zur Länderneugliederung. In: Zeitschrift für Parlamentsfragen 44 (2), 429-454.

Lutz, P. F. (1996): Wege zur Neugliederung des Bundesgebietes nach dem Scheitern der Länderfusion Berlin-Brandenburg. In: Staatswissenschaften und Staatspraxis 2, 137-161.

Mäding, H. (2014): Länderneugliederung und bundesstaatlicher Finanzausgleich – Ein frischer Blick auf die Ernst-Kommission. In: Der moderne Staat 7 (1), 113-135.

Mathes, A. (2007): Neugliederung des Bundesgebiets auf Basis von Kreisdaten: Ein finanzwissenschaftlicher Ansatz. Hamburg.

Mehde, V. (2012): Föderalismusbilder im Wandel – Rechtliche Perspektiven zwischen Empirie und Ideologie. In: dms – der moderne staat – Zeitschrift für Public Policy, Recht und Management, 5 (2), 443-458.

Noack, D. (2010): Reform des Föderalismus in Deutschland: Schwierigkeiten, Hemmnisse, Perspektiven: Das Beispiel Berlin und Brandenburg. Münster.

Pietzcker, J. (1988): Zusammenarbeit der Gliedstaaten im Bundesstaat. Landesbericht Bundesrepublik Deutschland. In: Starck, C. (Hrsg.): Zusammenarbeit der Gliedstaaten im Bundesstaat. Baden-Baden, 17-76.

Scharpf, F. W. (1992): Koordination durch Verhandlungssysteme: Analytische Konzepte und institutionelle Lösungen. In: Benz, A.; Scharpf, F. W.; Zintl, R.: Horizontale Politikverflechtung. Zur Theorie von Verhandlungssystemen. Frankfurt a. M./New York, 51-96.

Scharpf, F.; Benz, A. (1991): Kooperation als Alternative zur Neugliederung? Zusammenarbeit zwischen den norddeutschen Ländern. Baden-Baden.

Stahl, D. (2005): Ausgleichsgrad und Anreizwirkungen des deutschen Länderfinanzausgleichs: Eine kritische Analyse. In: Färber, G. (Hrsg.): Das föderative System in Deutschland. Bestandsaufnahme, Reformbedarf und Handlungsempfehlungen aus raumwissenschaftlicher Sicht. Hannover, 206-230.

Statistisches Bundesamt (2009): Bevölkerung Deutschlands. 12. Koordinierte Bevölkerungsvorausrechnung.

Statistisches Bundesamt (2010): Bevölkerung Deutschlands nach ausgewählten Altersgruppen, Jugend-, Alten-, Gesamtquotient und Bundesländern.

Völkl, K. (2009): Reine Landtagswahlen oder regionale Bundestagswahlen? Eine Untersuchung des Abstimmungsverhaltens bei Landtagswahlen 1990–2006. Baden-Baden.

Wissenschaftsrat (Hrsg.) (2013): Empfehlungen zur Weiterentwicklung des Hochschulsystems des Landes Bremen. Drs. 3456-13.
http://www.wissenschaftsrat.de/download/archiv/3456-13.pdf (19.03.2014).

Wissenschaftsrat (Hrsg.) (2014): Empfehlungen zur Weiterentwicklung des Hochschulsystems des Saarlandes. Drs. 3649-14.
http://www.wissenschaftsrat.de/download/archiv/3649-14.pdf (19.03.2014).

Zintl, R. (1992): Kooperation und Aufteilung des Kooperationsgewinns bei horizontaler Politikverflechtung. In: Benz, A.; Scharpf, F. W.; Zintl, R.: Horizontale Politikverflechtung: Zur Theorie von Verhandlungssystemen. Frankfurt a. M./New York, 97-146.

Autorinnen und Autoren

Arthur Benz, Prof. Dr. (Leiter des Arbeitskreises), Professor für Politikwissenschaft an der TU Darmstadt, Institut für Politikwissenschaft. Arbeitsschwerpunkte: Politik in Mehrebenensystemen, Staat und Verwaltung, Institutionenwandel. Aktuelle Publikation (German Politics, 2014): „Making Democracy Work in a Federal System". Promotion (Universität Duisburg, 1983): „Zentralisierungs- und Dezentralisierungsprozesse im föderativen Staat". Habilitation (Hochschule für Verwaltungswissenschaften Speyer, 1993): „Kooperative Verwaltung: Funktionen, Voraussetzungen und Folgen".

Jessica Detemple, Dipl.-Pol. (Geschäftsführerin des Arbeitskreises), wissenschaftliche Mitarbeiterin an der TU Darmstadt im Forschungsprojekt „Varianten und Dynamiken der Politikverflechtung" der Fritz Thyssen Stiftung. Arbeitsschwerpunkte: Vergleichende Föderalismusforschung und Politikfeldanalyse. Aktuelle Publikation (mit Benz und Heinz, Jahrbuch des Föderalismus, 2013): „Varianten und Dynamiken der Politikverflechtung".

Wilfried Erbguth, Prof. Dr., kommissarischer Direktor der Geschäftsstelle des Ostseeinstituts in Rostock, bis 2014 Professor für Öffentliches Recht unter besonderer Berücksichtigung des Verwaltungsrechts an der Universität Rostock. Arbeitsschwerpunkte: Verfassungsrecht, Allgemeines Verwaltungsrecht, Baurecht, Planungsrecht, Umweltrecht, Europarecht, Völkerrecht. Aktuelle Publikation (mit Schubert, 2015): „Öffentliches Baurecht mit Bezügen zum Umwelt- und Planungsrecht". Promotion (Universität Münster, 1975): „Probleme des geltenden Landesplanungsrechts: ein Rechtsvergleich". Habilitation (Universität Münster, 1985): „Rechtssystematische Grundfragen des Umweltrechts".

Tine Köhler, Dr., wissenschaftliche Mitarbeiterin am ILS in Aachen. Absolvierte das Studium der Raum- und Umweltplanung an der TU Kaiserslautern. Arbeitsschwerpunkte: Wirkungen von Maßnahmen zur Bestandsentwicklung, Siedlungsumbau unter Schrumpfungsbedingungen, Verwaltungsreformen. Aktuelle Publikation (mit Schaffert, ETH Zürich, 2015): „Building Measures in the Face of Population Decline. Are interdependencies taken into account appropriately by local authorities in rural Germany?". Promotion (TU Darmstadt, 2011): „Verwaltungsreform im ländlichen Raum – ein Diskussionsbeitrag".

Konrad Lammers, Dr., Forschungsdirektor des „Institute for European Integration" am Europa-Kolleg in Hamburg und Lehrbeauftragter an der Universität Hamburg, der Universität Hannover sowie der Andrássy Universität Budapest. Arbeitsschwerpunkte: Économics of European Integration, Regionalökonomie und Regionalpolitik, Fiskalischer Föderalismus in der EU und in Deutschland. Aktuelle Publikation (mit Behrens und Kotzur, Nomos, 2015): „Sechs Dekaden europäischer Integration – eine Standortbestimmung". Promotion (Universität Kiel, 1989): „Regionalförderung und Schiffbausubventionen in der Bundesrepublik".

Heinrich Mäding, Prof. Dr., Mitherausgeber des European Journal of Spatial Development, ehem. Leiter des Deutschen Instituts für Urbanistik in Berlin, ehem. Präsident der Akademie für Raumforschung und Landesplanung. Arbeitsschwerpunkte: Stadtentwicklung, demographische Trends, Stadtpolitik, Kommunalfinanzen, Kommunalverwaltung, Regionalentwicklung, Regionalpolitik. Aktuelle Publikation (Campus, 2015): „Raumplanung nach 1945". Promotion (Universität Freiburg, 1971): „Fondsfinanzierte Berufsausbildung: Zur Begründung u. Beurteilung e. Reform d. Finanzierung d. berufl. Erstausbildung auf betriebl. Ebene in d. Bundesrepublik Deutschland". Habilitation (Universität Freiburg, 1977): „Infrastrukturplanung im Verkehrs- und Bildungssektor: e. vergleichende Unters. zum gesamtstaatl. Planungsprozess in der Bundesrepublik Deutschland".

Reinhard Timmer, Dr., Ministerialdirektor a. D., ehem. Leiter der Abteilung 0 im Bundesministerium des Innern, Berlin. Arbeitsschwerpunkte: Innenpolitische Grundsatzfragen, Deutsche Einheit, Politische Bildung, Öffentlicher Dienst, Verwaltungsorganisation, Verwaltungsmodernisierung, Föderalismusreform. Aktuelle Publikation (BBSR, 2014): „Länderneugliederung in Deutschland". Promotion (Universität Münster, 1983): „Behördenstandorte und Landesplanung: e. Analyse d. räuml. Verteilung d. Behörden u. Bediensteten d. öffentl. Verwaltung in Nordrhein-Westfalen".

Kurzfassung / Abstract

Neugliederung des Bundesgebietes – oder Kooperation der Bundesländer?

Voraussetzung für einen funktionierenden demokratischen und sozialen Bundesstaat sind leistungsfähige Länder. Diese Voraussetzung erfüllen nicht alle Länder in dem erforderlichen Maß. In den Stadtstaaten und kleineren Ländern wirkt die Staatstätigkeit erheblich über die Landesgrenzen hinaus. Andere Länder haben nicht die für wichtige Infrastruktur- oder Verwaltungsaufgaben erforderliche Größe. Des Weiteren gibt es Länder, die im Verhältnis zu den notwendigen Aufgaben über keine ausreichende originäre Finanzausstattung verfügen. Weiter wachsende Transfervolumina im Finanzausgleich, die unterschiedlichen Leistungsfähigkeiten ausgleichen sollen, stellen die Autonomie der Länder zunehmend infrage.

Die Neugliederung der Länder ist im Grundgesetz als Option vorgesehen, um diese Defizite des Bundesstaats zu überwinden. Sowohl ihre Umsetzung als auch ihre Wirkungen sind nur auf längere Sicht realisierbar. Als Vorstufe und teilweise Alternative kann die Kooperation der Länder durch geeignete Regelungen intensiviert und verbessert werden. Der Finanzausgleich sollte so entwickelt werden, dass er diese Wege nicht verhindert. Länderneugliederung und Kooperation der Länder, basierend auf einem räumlichen Orientierungsrahmen, müssen daher ebenso wie die Finanzverfassung als notwendige Bausteine einer Föderalismusreform aufgegriffen werden. Dafür bedarf es einer längerfristig angelegten Strategie der Staatspolitik.

Schlüsselwörter

Föderalismusreform – Länderneugliederung – Finanzausgleich – Leistungsfähigkeit

Territorial Reorganisation of the Länder – or cooperation of Länder governments

The precondition for a functioning democratic and social federation is that the constituent states be capable of good performance. In Germany, not all Länder meet this precondition to a sufficient extent. In the city states and smaller Länder, policy-making has effect cutting across state borders. Other Länder do not have the size necessary for providing important infrastructure and administrative services. Furthermore, some Länder cannot dispose on own financial resources to fulfil necessary tasks. A growing amount of transfer payments in the context of fiscal equalisation, determined to compensate for divergent capacities, increasingly undermine the autonomy of the states.

Territorial restructuring of the Länder is an option envisioned by the Basic Law to overcome these deficiencies in the federation. Both the implementation of such a reform and its positive effects can only be realised in the long term. Intensifying and improving cooperation between Länder governments could be seen as a preliminary step towards territorial restructuring, and, to a certain extent, provides an alternative. Fiscal equalisation should be developed so as not to hinder these options. Territorial restructuring and cooperation of Länder governments, based on a spatial framework, should constitute essential building blocks of a federal reform, as it is the revision of constitutional rules of fiscal federalism. This requires a policy of reform of the federation to have a long-term strategic orientation.

Keywords

Federalism Reform – Territorial Restructuring of the Länder – Fiscal equalization – Performance